CW01500187

AGRADECIMIENTOS

Mi vida en sentido general y mi vida como cristiano y mi perseverancia a pesar de las circunstancias y los oscuros valles por los que he pasado y los obstáculos que he vencido son el fruto de todo el apoyo que he recibido de muchas personas dentro y fuera de la iglesia. Por esta razón, quiero mostrar mi agradecimiento a personas como Jesús Nieves, Jesús Cruz, Rafael Ojeda, Juan Carlos Polanco, Robert Carrillo, Raúl Vásquez, Rafael Paniagua, Francisco Ortega, Francisco Espinal, Amauris Brea, Juan Sosa, José Alberto Suero, Fabio Yamil, Cecilio Mella, Jesús Suero, Aramis Collado, Johnny Fernández, Ruddy Estévez, Ramón Santana y Josel del Rosario. Gracias especiales a mi esposa Guarina Germán y a mis hijas Gianna y Shainy. Gracias a mis padres Cheché y Milena, y mis hermanos y hermanas.

Que sus ejemplos no sean en vano

WAGNER MÉNDEZ

Wagner
Management Group

QUE SUS EJEMPLOS NO SEAN EN VANO

Categoría: Espiritual/Religión/Motivacional/Instrucción

Copyright© 2019 Wagner Méndez
Todos los derechos reservados

ISBN: 9798732212563

Library of Congress Control Number: 2021907163
(Número de Control de la Librería del
Congreso de los Estados Unidos)
CreateSpace Independent Publishing Platform, Columbia, SC

Autor: Wagner Méndez

A menos que se indique lo contrario, los textos bíblicos han sido tomados de la Biblia *Dios Habla Hoy*®, Segunda Edición.
© Sociedades Bíblicas Unidas, 1966, 1970, 1979, 1983.
Dios Habla Hoy® es una marca registrada de Sociedades Bíblicas Unidas y puede ser usada solo bajo licencia.

Los textos bíblicos marcados TLA han sido tomados de la Biblia *Traducción en Lenguaje Actual* ®.
© Sociedades Bíblicas Unidas, 2002, 2004.
Traducción en Lenguaje Actual® es una marca registrada de Sociedades Bíblicas Unidas y puede ser usada solo bajo licencia.

Todos los derechos reservados. Ninguna parte de este libro puede ser reproducida, guardada en un sistema de recuperación o transmitida de ninguna manera o por ningún medio —electrónico, mecánico, fotocopiado, grabado o de otra manera-, excepto por citas cortas en revisiones impresas, sin la previa autorización del autor.

DEDICATORIA

Me place dedicar este libro a mi gran amigo y hermano en la fe Jesús Cruz. Tú me inspiraste a escribir libros espirituales a pesar de mi renuencia. Desde los inicios de mi caminata con Dios, tú has sido un gran ejemplo y me has ayudado a perseverar bajo condiciones adversas.

CONTENIDO

PRÓLOGO

De entrada quiero reconocer que la lectura es uno de mis buenos hábitos que se dan no por emoción o por pasión, sino porque reconozco la necesidad de hacerlo. Pero siendo franco, les confieso que al iniciar la lectura del borrador de este libro, rápidamente me encontré casi a la mitad del mismo. Su lectura es fresca, llamativa y fácil de conectar y considero que al igual que me pasó a mí, a muchos de los lectores le pasará igual. No querrán parar de leer.

El libro gira en torno a ejemplos bíblicos y ejemplos vivientes que podemos seguir. En estos tiempos modernos, esto se hace cada vez más desafiante de encontrar. Se dificulta encontrar hombres y mujeres que marquen e impacten nuestras vidas con sus hechos.

No sé si lo hemos notado. Con frecuencia nos encontramos hablando de nuestros abuelos o de nuestros tatarabuelos como aquellos que tenían un caminar recto y ejemplar, los cuales se tenían como parámetros de generación en generación. No digo que hoy en día sea imposible encontrar un caminar ejemplar en los seres humanos. Sin embargo, sí se hace cada vez más retante encontrar hombres y mujeres que nos inspiren con sus vidas, su carácter y su modo de actuar. Y esto se da mucho más en el ámbito espiritual.

En este libro "Que sus ejemplos no sean en vano", mi amigo y hermano en Cristo Wagner Méndez plasma de una manera práctica, pero a la vez muy profunda, la vida de hombres y mujeres que no fueron perfectos. De hecho, nos sorprenderá ver la vida de algunos de ellos antes de conocer a Dios. Sin embargo, luego que caminaron con Dios, cambiaron sus vidas. A la misma vez, ellos son una fuerte inspiración para quienes leemos estas historias, no solo con la intención de ser simples espectadores, sino como un llamado a ser nosotros mismos hombres y mujeres de Dios que dejamos un buen sabor con nuestras vidas al partir de este mundo y, con ello, también dejamos un aroma agradable de nuestro andar con Dios, al igual que lo hizo Cristo Jesús nuestro señor.

De la misma forma en que estas historias me impactan e inspiran a seguir sus ejemplos y, personalmente, ser un ejemplo para otros, espero que ustedes también puedan hacer lo mismo. Este mundo necesita de buenos ejemplos sociales y espirituales. No nos quedemos de brazos cruzados. Marquemos la diferencia.

Yrán Fernández
Evangelista
Iglesia de Cristo de Santo Domingo

INTRODUCCIÓN

La Biblia está llena de ejemplos inspiradores que nos ayudan a perseverar y a fortalecer nuestra relación con Dios. El escribir sobre cada uno de esos ejemplos nos puede conllevar a hacer libros más voluminosos que la Biblia misma. Similar a lo que dicen las Escrituras sobre todo lo que Jesús hizo, se pudieran escribir libros que no cabrían en todo el mundo (Juan 21:25). Sin embargo, en este libro solo se han incluido una serie de ejemplos selectos que nos ayudan a fortalecernos.

Como sucede con las primeras ediciones de muchos otros libros, con este comenzamos con estos ejemplos, pero es muy probable que en ediciones posteriores se inserten otros que nos inspiren. Si al leer estos ejemplos consideras que tienes alguna otra sugerencia de algún otro personaje o situación que inspire, por favor, siéntete en libertad de hacerme la sugerencia para insertarlo.

La idea de hacer este libro surgió luego de escribir el otro titulado Más allá del firmamento: Perseverando en tu caminata con Dios. La mayor parte de este material proviene de la tercera parte de dicho libro. Por su volumen, quise hacer libros más pequeños basados en las diferentes partes de ese primero. Aquí les dejo este titulado "Que sus ejemplos no sean en vano". Luego publicaré otros dos similares. Uno de ellos es sobre principios básicos para entender los fundamentos de la vida cristiana y el otro es sobre diversos obstáculos que debemos vencer en nuestra caminata con Dios.

He visto que algunas personas miden la calidad de un libro por su volumen. Si el mismo no es muy voluminoso, lo consideran como un libro bueno. Lo ven que es fácil de leer. Bueno, yo me puedo incluir también en ese grupo. A veces vemos un libro voluminoso y nos reta leerlo. Pero también hay muchas otras personas que no les preocupa el tamaño del libro, sino su contenido. En este libro hago una combinación para todo tipo de público que anda buscando inspiraciones para fortalecerse espiritualmente. Este es un libro no muy grande, pero con ejemplos muy inspiradores sobre grandes personajes de la Biblia que hoy en día se mantienen vivos en nuestras mentes. No quiero que estos ejemplos vayan a sustituir la fuente original, la Biblia, en donde se encuentran los relatos de estos personajes. Al contrario, el objetivo es que las personas que lean este libro retornen a la fuente original para profundizar más sobre ellos.

Para muchos de estos personajes, el libro provee una perspectiva de ellos que muchas veces no se escucha o se lee en otras fuentes. A veces escritores y predicadores se enfocan en fortalecer la misma perspectiva sobre ellos. El recalcar sobre esas perspectivas es bueno, ya que cada uno de nosotros debe siempre recordar cosas aprendidas previamente, pero también cuando compartimos otras perspectivas, eso nos ayuda a tener otra visión que también nos fortalece. A veces el Espíritu pone en nosotros la idea de escribir y compartir algo y desaprovechamos la oportunidad. En este caso, yo no he querido caer en ese error, sino dejarme llevar por el Espíritu y compartir lo que él me ha inspirado. A veces también consideramos que nuestras ideas no son tan importantes, pero cuando otros las leen, se sienten inspirados y sus comentarios también inspiran a uno a seguir escribiendo. Con mis libros yo he ayudado y también me han sido de mucho provecho y fortalecimiento a mí mismo.

Mi expectativa es que este libro inspire al lector y también el lector sea multiplicador de su aprendizaje. Así como las Escrituras nos inspiran a ayudar a otras personas a venir a Jesús, espero que estas enseñanzas puedan ser usadas para ayudar a otras personas a seguir esos ejemplos. Busquemos tener las mismas convicciones de estos personajes y seamos instrumentos para que estos ejemplos se mantengan vivos en nuestros corazones y en la humanidad, que tanto lo necesita para enfrentar los crecientes retos de la vida.

Al escribir mi primer libro espiritual, Más allá del firmamento, pensé que lo estaba haciendo para ayudar a otras personas. Más tarde me di cuenta que el mismo fue de gran ayuda para mí mismo cuando pasé por la situación más retante en mi vida. Fui secuestrado en Haití, sobre lo cual viene un libro en camino, me robaron todas mis pertenencias, incluyendo mi Biblia y mi computadora y me torturaron. En esa situación, ese primer libro y sus ejemplos fueron claves para mantener mi enfoque en las Escrituras y tener una buena actitud a pesar del momento difícil por el que estaba pasando. Justamente antes de eso había tenido mis tiempos devocionales con

Dios sobre estos ejemplos que había escrito. Eso me fortaleció y, aunque pensé que no saldría con vida, mantuve mi confianza en Dios.

Espero que puedan sacar el máximo provecho de estos ejemplos y que con ellos y con nuestras vidas continuemos exaltando el nombre de nuestro Dios.

I

Rut: Del Abismo a la Realeza

"Pero Rut le contestó: - ¡No me pidas que te deje y que me separe de ti! Iré a donde tú vayas, y viviré donde tú vivas. Tu pueblo será mi pueblo, y tu Dios será mi Dios".

- *RUT 1:16*

El enfoque de este capítulo podría ser de doble propósito. Podría ser doble aunque el nombre sea uno solo: Rut. Por un lado podría enfocarse en Rut, la moabita. Pero, por otro lado, también, sin lugar a dudas para mí, y considero que muchas otras personas que la conocieron estarían de acuerdo, podría enfocarse en Rut Espinal, la discípula dominicana que nunca perdió sus convicciones a pesar del sufrimiento y las persecuciones.

Cada uno de nosotros que todavía vive está luchando por llegar hasta el final. Yo he escrito este libro con este enfoque pensando que he perseverado. Lo he hecho hasta este punto, pero Rut Espinal lo hizo hasta el día de su muerte. Ella nunca perdió sus convicciones. Pero primero enfoquémonos en Rut, la moabita, de la cual les hablé originalmente. Luego les comento un poco sobre Rut Espinal.

A través de la Biblia, vemos muchos ejemplos de personas que nos han inspirado. A veces nos inspiramos cuando oímos un mensaje predicado. Interiorizamos las enseñanzas y fortalecemos nuestras convicciones. El caso de Rut es algo muy especial para mí. Sus convicciones me han impactado sobre manera. Inclusive, a pesar de los muchos desacuerdos en cuestión de opiniones que mi esposa y yo tenemos (¿y será que somos diferentes a otras parejas?), sí estuvimos de acuerdo en que Rut 1:16 era la escritura que íbamos a utilizar para nuestra invitación de boda. Algo particular también es que mis convicciones sobre este libro no recuerdo que hayan venido de oír algún mensaje, sino que Dios lo puso directamente en mi corazón. Debo mencionar también que Rafael Ojeda, uno de los ministros que me instruyó en Puerto Rico, me dijo una vez que las ideas originales surgen cuando a uno se le olvida quién se lo enseñó.

Veamos todas las enseñanzas que podemos aprender de las convicciones de Rut y que nos ayudan a perseverar en nuestra caminata con Dios. Éstas nos pueden llevar a lugares y situaciones nunca antes imaginadas. Escribir sobre esto es un gran sueño para mí. He predicado sobre las convicciones de Rut anteriormente y estaba ansioso de poder tener la oportunidad de plasmar esto en un libro.

Antes de entrar directamente a ver las convicciones de Rut, y a manera de preámbulo, veamos por qué la familia de Noemí se mudó de Efrata (Belén) a Moab. Posiblemente Moab no nos suene mucho, pero si decimos moabitas sí. Recordamos que los moabitas no eran personas de un linaje real y en los cuales Dios se enfocaba. Los moabitas, conjuntamente con los amonitas, proceden de Lot y del fruto de la relación de incesto con sus hijas (Génesis 19:31-38).

Tal y como se describe en el inicio del libro de Rut, Elimelec, un hombre de Belén de Judá, se fue a vivir a Moab por la hambruna que estaba haciendo en la región en el tiempo en que Israel era gobernado por caudillos. Fíjense bien en esto. La única razón que se menciona de por qué Elimelec se fue a vivir a Moab fue por la hambruna que había. No era porque la misión que había en Moab lo necesitaba o porque su plan era evangelizar a los moabitas.

Posiblemente ésta fue una decisión unilateral de él sin buscar consejo alguno y sin, posiblemente, consultar a su familia para ver si estaba de acuerdo. Posiblemente solo siguió los deseos de su corazón. Yo puedo entender que el hombre en el hogar tiene un enfoque proveedor y hace lo que sea porque su familia tenga su sustento. Puedo identificarme con él en ese aspecto, pero las decisiones no se deben tomar basadas solo en eso. Hay muchos otros aspectos a considerar, especialmente el espiritual.

Más adelante podemos ver los resultados de esa decisión. Elimelec murió en Moab. También murieron sus dos hijos. Vemos también que su situación económica no mejoró. Si hubiese mejorado, posiblemente Noemí no hubiese tenido que regresar a Belén. Definitivamente su situación empeoró, dejando a su familia desamparada.

¿Qué lección podemos aprender de ese "preámbulo"? Yo he aprendido mi lección de antemano sin tener que pasar por esa situación. En mi corazón está la fuerte convicción de no mudarme de donde esté con la iglesia por asuntos meramente económicos. No mudarme por mejorar mi situación económica sin buscar brindar un mayor apoyo al reino y dar más mi corazón para Dios. He visto algunas personas tomar esa decisión y, aunque pueden mejorar su situación económica, su situación espiritual empeora. En otros casos, hasta su situación económica también empeora.

Las convicciones de Rut fueron tan profundas que su impacto ha quedado marcado para toda la historia.

Entrando ya a nuestro enfoque sobre Rut, permítanme preguntar por qué el libro se llama Rut y no Noemí. ¿No tiene Noemí créditos suficientes para que un libro de la Biblia lleve su nombre? ¿No jugó Noemí un rol lo suficientemente protagónico con sus convicciones? Es posible que sí, pero lo que Rut hizo fue extraordinario. Las convicciones de Rut fueron tan profundas que su impacto ha quedado marcado para toda la historia.

Además, menciono el caso de otra mujer de convicciones profundas. ¿Sabes cómo se llama la otra nuera de Noemí que estuvo junta con Rut cuando Noemí se regresaba a Belén? ¿Se menciona su nombre en algún otro lugar de la Biblia? ¿No tuvo ella también méritos para que la historia siga recordándola? Posiblemente sí.

Es posible que Orfa haya sido una mujer de muchas convicciones también. Por eso Noemí tuvo que rogarle todo lo que le rogó para que se quedara. Yo considero que ella hizo lo correcto. Ella atendió a una legítima petición de Noemí y la complació. Noemí se sintió bien con eso. Pero, de nuevo, lo de Rut no tiene comparación. Rut causó un impacto por sus convicciones y Dios la bendijo más allá de lo imaginable. Rut no se dejó vencer por los ruegos de Noemí. Ella estaba tan agradecida con Noemí que estaba dispuesta a sufrir, a dejar a sus dioses e inclusive a morir por estar siempre con su suegra.

Es muy probable que también el esposo de Noemí y sus hijos, Mahlón y Quilión, también hayan hecho su parte en causar un impacto en Rut para que ella estuviera tan agradecida de la suegra. ¡Qué diferencia a hoy en día en que en el mundo se menosprecia tanto a las suegras e inclusive son objeto de burlas!

Cada uno de nosotros debemos imitar las convicciones de Rut. Rut no se dejó desmotivar de su suegra para cambiar su parecer sobre su agradecimiento y su deseo de seguirla. Ella mantuvo sus convicciones hasta el final. En muchas ocasiones nosotros actuamos con fuertes convicciones, pero no perseveramos hasta el final. Perseveramos hasta casi el final y luego, cuando la situación se pone muy difícil, desistimos. Sentimos que sí tenemos una excusa para desistir. Y no tomamos la responsabilidad por nuestras debilidades. Al contrario, lo que hacemos es culpar a otros o culpar a las circunstancias por la situación que estamos enfrentando.

El hecho de que sigamos a Jesús debe ayudarnos a ser excelentes en nuestros trabajos imitándolo a él.

Rut mantuvo sus convicciones hasta el final. Ella dijo: *"—¡No me pidas que te deje y que me separe de ti! Iré a donde tú vayas, y viviré donde tú vivas. Tu pueblo será mi pueblo, y tu Dios será mi Dios. Moriré donde tú mueras, y allí quiero ser enterrada. ¡Que el Señor me castigue con toda dureza si me separo de ti, a menos que sea por la muerte!"* (Rut 1:16-17). Cuando Noemí vio las convicciones de Rut, no le quedó otra alternativa más que desistir. Luego siguieron su camino y se fueron a Belén.

¿Sabía Rut lo que le esperaba? No. Ella realmente no esperaba nada. Ella simplemente estaba dispuesta a aceptar lo que el Dios de Noemí, ahora su Dios, le *deparara* (Una palabrita aprendida de mi mamá).

Muchas veces nuestras expectativas de recibir algo que nos beneficie son tan altas que recibimos mucho, pero no nos sentimos conformes. Esperamos más. Si nuestras expectativas son de aceptar siempre la voluntad de Dios, es posible que recibamos poco y encontremos que lo que recibimos es muchísimo. Rut realmente recibió mucho sin esperarlo, independientemente del punto de vista que lo veamos.

¿Qué esperaba Rut? ¿Esperaba ella casarse de nuevo? Esperaba casarse con alguien súper especial? Posiblemente no. Ella simplemente estaba dispuesta a ponerse en manos de su Dios y aceptar su voluntad (Proverbios 16:3, Salmos 137:4, Proverbio 21:1).

Además de sus convicciones y agradecimiento por su suegra, Rut era una mujer muy trabajadora. Esta característica viene a ser un gran complemento para sus convicciones y fidelidad. Dios se fija en ese tipo de corazón. Su actitud hacia el trabajo la llevó a que un hombre trabajador y ejemplar se fijara en ella. Hoy en día, lamentablemente, la imagen del mundo religioso no es que las personas son trabajadoras. Es una imagen de que después que las personas deciden seguir a Jesús se descuidan en cuanto al trabajo. Quieren dejárselo todo a Dios.

Rut no era una carga para Noemí. Al contrario, Rut se sacrificaba por ella.

Afortunadamente, eso no fue lo que yo vi en la congregación de la cual me hice miembro en Puerto Rico y con la cual también vine como misionero a la República Dominicana. Al contrario, desde el principio que alguien quiere venir al reino, nos enfocamos en que la persona trabaje y no sea una carga para la iglesia. Entendemos perfectamente la escritura en la que Pablo nos dice que *"El que no quiera trabajar, que tampoco coma"* (2 Tesalonicenses 3:10).

Pablo no solo nos lo dice de palabras. Él es también un ejemplo al dedicarse a trabajar para no ser una carga para la iglesia. Él tenía el derecho de ser sostenido por la iglesia por el trabajo que hacía, pero él decidió desempeñar su oficio de hacer tiendas de campañas (Hechos 18:3, 2 Tesalonicenses 3:6-9). Además, en diferentes partes de la Biblia, incluyendo los Proverbios, se hace referencia al trabajo. Es decir que el hecho de decidir seguir a Jesús y descuidar el trabajo es una excusa barata y una pura religiosidad sin ningún impacto para las demás personas a nuestro alrededor. El hecho de que sigamos a Jesús debe ayudarnos a ser excelentes en nuestros trabajos imitándolo a él. Jesús era el hijo de Dios y también era un carpintero (Marcos 6:3). Se dice que él no era un simple carpintero, sino que era un maestro. Y es de suponer. Como dice el Nuevo Diccionario Bíblico de Alfonso Lockward (1992, pág. 571), Jesús tenía una gran capacidad de aprendizaje, demostrado al quedar registrado en el incidente de Lucas 2:41-52, cuando Jesús se perdió y sus padres lo encontraron sentado en medio de los maestros de la ley escuchándoles y haciéndoles preguntas. Con esa capacidad y conociendo la perfección de Jesús, no es posible que en su oficio él se iba a permitir ser menos que excelente y no dar el mejor ejemplo.

Rut no era una carga para Noemí. Al contrario, Rut se sacrificaba por ella. Trabajaba para ayudarse y ayudarla a ella también. No fue Noemí quien la mandó a trabajar. Ella le pidió a Noemí que le permitiera ir a trabajar. Y como Dios bendice a quien le es fiel, él le estaba preparando el camino para ir a trabajar al lugar correcto, el campo de Booz, pariente de Elimelec. Éste, más tarde, al ver el duro trabajo de Rut, decide casarse con ella. Pero antes decide cumplir con todo el procedimiento establecido, como lo hace un hombre de su gran rectitud. Y no se me muevan de ahí para que veamos lo que Dios hace que suceda por medio de ese matrimonio y el impacto eterno de Rut debido a sus grandes convicciones.

Rut, una moabita, llegó a formar parte de los antepasados de Jesús.

El poder ver las convicciones de Rut es verdaderamente impactante. Pero más impactante aún es ver las bendiciones de Dios como resultado de esas convicciones. Por estas convicciones, Rut, una moabita, llegó a formar parte de los antepasados de Jesús. Asimismo. Rut forma parte de los antepasados de Jesús (Mateo 1:5). Esto es algo casi imposible de creer. Una moabita, perteneciente a un pueblo despreciado por Dios. Es por eso que he puesto como título a este capítulo "Rut: Del Abismo a la Realeza".

Si analizamos esto, son innumerables las lecciones adicionales que podemos aprender además de las convicciones de Rut. Vemos que Dios se fija en los corazones de las personas sin hacer diferencia entre un tipo de persona y otra o en su apariencia (1 Samuel 16:7, Deuteronomio 10:16-19, Santiago 2:1). Tengamos presente que Dios busca esos corazones independientemente del país, la iglesia o la clase social en donde se encuentre actualmente. Si tienes el corazón para Dios, él te va a mostrar el camino correcto y su iglesia en donde puedas darle gloria y honra.

Es posible que te sientas que tu congregación no está haciendo todo lo que debe hacer para Dios de acuerdo a lo que las escrituras digan. Y esto me lleva a pensar en todo lo descrito por David Platt en su libro "Radical". No tienes que amargarte. Tú puedes marcar la diferencia a través de las Escrituras. Yo estuve en esa situación y no me detuve. Yo estudiaba las Escrituras y me daba cuenta que muchas de las cosas que me enseñaban, aun sin ser un discípulo comprometido de Jesús, no era lo que la Biblia decía. Me enseñaban religiosidad, pero no convicciones para Dios.

¿Y qué pasó con los demás moabitas? Posiblemente continuaron adorando a sus dioses. No sé si Rut tuvo la oportunidad de mirar atrás y ayudar a los de su familia para que también siguieran a su nuevo Dios, el Dios verdadero. Lo que sí sabemos es sobre el impacto que tuvo hacia el futuro por sus convicciones.

Es posible que alguien también se pregunte por qué Booz, su esposo, tuvo el honor de formar parte de la genealogía de Jesús. Realmente, además de ser un hombre recto, Booz también viene de una genealogía de alguien que causó un gran impacto y conmovió el corazón de Dios. ¿Sabes

Seamos personas de convicciones profundas para nuestro Dios.

quién era la mamá de Booz? Nada más y nada menos que Rahab, la prostituta. Perdón, Wagner, ¿y dónde está el impacto? Como dijo un amigo una vez: "Wagner, yo pensaba que tú eras un hombre espiritual". Sí, esa prostituta fue la que protegió a los espías que fueron a explorar la tierra prometida. Tampoco se esperaba que Rahab pudiera causar un impacto eterno. Pero fue una mujer de convicciones y escogida por Dios con ese gran propósito. Dios también promete grandes bendiciones a nuestras generaciones futuras cuando somos personas rectas. Esas promesas fueron hechas a Abram (Abraham), a Noé, a David y a muchos otros más (Génesis 12:7, Deuteronomio 28: 1-14, 2 Samuel 7).

Seamos personas de convicciones profundas para nuestro Dios. Busquemos marcar la diferencia con nuestras propias convicciones sin importar lo que esté pasando a nuestro alrededor. La historia todavía no termina. El número de personas que hoy en día está siguiendo a Dios de todo corazón es muy reducido en comparación con el tamaño de la población. Dios quiere personas de convicciones profundas para ayudar a causar un gran impacto. Nada nos limita a hacerlo. Admiramos el ejemplo de Jesús, pero él dijo que si creemos en él, podemos hacer cosas inclusive más grandes que las que él hizo (Juan 14:12-14). Llenémonos de convicciones y perseveremos en nuestra caminata con Dios para su gloria y honra.

Y como les mencioné al principio y les dije que volvería a mencionar, podemos ver el testimonio de Rut Espinal y su perseverancia hasta el mismo final de su vida. Rut fue la primera miembro de su familia carnal en radicalmente decidir seguir a Jesús como las Escrituras dicen y ser una verdadera discípula. Esto le significó recibir una fuerte persecución de parte de su familia. Pero su radicalidad y su perseverancia también ayudó a que su hermana Tati se hiciera discípula más tarde cuando mi esposa Guarina estudió la Biblia con ella. Y que luego, su cuñado Emilio, también se hiciera discípulo. Y que más tarde, su sobrina Carolina, la hija mayor de Emilio y Tati, también lo hiciera. Y confío que en el futuro también lo hará su otro hijo, Emilio. Y la semilla está sembrada para que sus otros hermanos y hermanas, que ya se han acercado a la iglesia, también lo hagan.

Dios quiere personas de convicciones profundas para ayudar a causar un gran impacto.

La persecución familiar hacia Rut y, posiblemente hacia nuestra iglesia, se agravó cuando Rut tuvo problemas nerviosos, los cuales parecen ser hereditarios en la familia. Cuando eso sucedió, la familia pensó que fue debido a su enfoque radical en seguir a Jesús. Y no es extraño. La familia de Jesús también pensó lo mismo. A pesar de su situación de salud, Rut no perdió sus convicciones. Tampoco las perdieron su hermana Tati y su cuñado Emilio. Al contrario, sus convicciones se fortalecieron.

La situación de salud de Rut se agravó por la contaminación de una bacteria en el centro médico en donde la internaron. Por la misericordia de Dios y todas nuestras oraciones, cuando pensábamos que Rut no se iba a salvar, Dios la salvó y le permitió vivir, aunque quedó inválida y con muchas otras limitantes. Dios le dio la oportunidad de poder compartir su testimonio con nosotros y dejar un testimonio escrito también. Más tarde, cuando pensábamos que ya la íbamos a tener por mucho tiempo más, Dios pensó que era mejor llevarla a morar con él. Rut murió a la tierna edad de 32 años, el 8 de noviembre del 2008. Pero nos dejó su testimonio de que a pesar de todo el sufrimiento por el que pasamos, se puede perseverar en nuestra caminata con Dios hasta el final. Y Rut pudo con toda seguridad decir: *"He peleado la buena batalla, he llegado al término de la carrera, me he mantenido fiel. Ahora me espera la corona merecida que el Señor, el Juez justo, me dará en aquel día. Y no me la dará solamente a mí, sino también a todos los que con amor esperan su venida gloriosa"* (2 Timoteo 4:7-8).

En sus tiempos de convalecencia, Rut comenzó a hacer apuntes para escribir un libro con su testimonio y que pudiera ayudar a muchas otras personas hasta después de su muerte. Aparte de otras cosas que escribió y que no las tengo a mano, ella escribió esto que transcribo a continuación.

Lo que Necesitas para Ser Feliz
Por Rut Espinal (1976-2008)

Agradece a Dios todo lo que te da por pequeño e insignificante que parezca.
Vive cada día con entusiasmo.
Celebra una Navidad en tu Interior todos los meses del año.
Ten siempre presente que vas a tener días buenos y días malos.
Cuando algo te ponga triste, repite "esto también pasará".
Disfruta todo lo que puedas hacer, hasta el hecho de
tomarte un vaso de agua.
Comprométete a mencionar solo las cualidades buenas de cada persona.
Aprecia lo que la vida te da, pues eso es lo que te pertenece.
Regálale una sonrisa a todo aquel que se te acerque.
Descubre el propósito divino en todo cuanto te ocurra.
Elimina la queja de raíz en tu vida.
Mira el cielo de día y de noche para que puedas contemplar su belleza.
Recuerda [que] las cosas no siempre van a ser como tú las esperas.
Acepta la enfermedad pacientemente y alégrate, porque las atenciones de Dios y de
las personas te van a sobrar.
Quiérete a ti mismo, pues nadie lo va a hacer mejor que tú.
Llena tu mente de pensamientos positivos y alentadores. No le des oportunidad a
pensamientos destructivos.
Escucha música que te alimente el espíritu y te alegre el corazón.
Libérate de sentimientos de culpa que te impidan vivir tranquilamente.

Reflexiona y medita sobre tu vida al terminar cada día para que seas una mejor persona.
Conviértete en una persona optimista que a todo le buscas una salida.
Asegúrate te tener con quién hablar de tus temores, ansiedades y frustraciones.
….Y recuerda.
La felicidad está en tu interior. Por lo tanto, de ti depende que seas feliz.

Tanto en la Biblia como en ejemplos vivientes, podemos tener testimonios de personas radicales que han perseverado en su caminata con Dios y nos han dado un gran ejemplo. Tenemos a Rut y tenemos a Rut. Rut, la moabita, un ejemplo bíblico, y Rut Espinal, un ejemplo que vimos vivir. Tomemos estos y otros ejemplos para fortalecer nuestras convicciones y perseverar en nuestra caminata con Dios hasta el mismo final y dejar un ejemplo para toda la eternidad.

REFLEXIONES

1. Simplemente, ¿cuál es tu convicción para tu Dios? ¿Qué estás dispuesto a hacer por perseverar en tu caminata con Dios?

2. Decide hacer algo radical para Dios que pueda causar un impacto eterno.

3. ¿Qué precio te haría variar tus convicciones?

4. ¿Qué obstáculo en el camino podría hacerte cambiar de rumbo y no perseverar?

II

Noé: Nadando Contra la Corriente

"Entren por la puerta angosta. Porque la puerta y el camino que llevan a la perdición son anchos y espaciosos, y muchos entran por ellos; pero la puerta y el camino que llevan a la vida son angostos y difíciles, y pocos los encuentran".

- *MATEO 7:13-14*

El nadar contra la corriente en esta vida es muy similar a la enseñanza de Jesús de que debemos entrar por la puerta angosta. La mayoría de las personas a través de la historia, y hasta el día de hoy, simplemente han seguido la manada. Han seguido las convicciones de la mayoría.

Es difícil nadar contra la corriente. Es más fácil dejarse llevar por la misma sin hacer ningún esfuerzo. Es más fácil también seguir a la mayoría y buscar su aprobación que mantener sus convicciones para Dios aunque se reciba la presión del grupo. Noé fue un hombre que nadó contra la corriente. Su impacto fue tan grande que sin él posiblemente la humanidad ni siquiera existiera hoy (Génesis 6:5).

Hoy en día se ve que a medida que pasa el tiempo, la maldad aumenta. Y con lo que yo veo, me asusta como la situación se va tornando. La delincuencia aumenta y luce que es difícil controlarla. Inclusive, se ve que el mal crece a una velocidad mayor que lo que crece el número de personas que están dispuestas a transformar sus vidas. Éstas crecen a un ritmo menor que los que están decidido a hacer lo malo expresamente. A esto se suman las personas que no están dispuestas a transformar sus vidas pensando que lo que hacen está bien. Además, están también los que quisieran hacer lo bueno y no lo hacen por toda la confusión que existe en el mundo sobre la verdad y la mentira.

Desde el principio, Dios ha visto que el hombre siempre estaba pensando en hacer lo malo (Génesis 6:5). Inclusive, si nos vamos un poco más hacia atrás, vemos también cómo el hombre se dejó llevar de las emociones, el deseo de supuesta grandeza y el engaño de Satanás a través de una simple serpiente (Génesis 2).

Dios no es ciego a lo que pasa en el mundo. Él es Dios. Por la tanta maldad que existía, Dios quiso borrar de la tierra al hombre que había creado. Él quiso eliminar su obra maestra. ¿Te imagina lo que te puede costar y el tiempo que tienes que investir en la creación de una obra maestra? ¿Cómo te sentirías pasando por el proceso de tener que deshacerla porque se ha desviado del propósito original?

"*Sin embargo, el Señor miraba con buenos ojos a Noé*" (Génesis 6:8). Noé fue la persona que le trajo alivio a Dios. Noé salvó la humanidad. A pesar de toda la maldad, Noé era un hombre bueno que siempre obedecía a Dios. Él decidió nadar contra la corriente. Él no se dejó llevar por las convicciones de las personas que estaban a su alrededor.

> *A pesar de toda la maldad, Noé era un hombre bueno que siempre obedecía a Dios. Él decidió nadar contra la corriente.*

En mi caso particular, siempre repito algo que me impactó sobremanera cuando estudié la Biblia para hacerme un discípulo en Puerto Rico. El enfoque fue en enseñarme a crear mis propias convicciones a través de las Escrituras y no a seguir las convicciones de las demás personas. Esas convicciones profundas me han ayudado a perseverar en mi caminata con Dios a pesar de todas las situaciones difíciles que he tenido que enfrentar y ver tanto desinterés por las cosas de Dios a mi alrededor.

¿Y es que Puerto Rico tiene algo especial a diferencia de la República Dominicana? No. Puerto Rico, al igual que la República Dominicana y muchos otros países, es un país lleno de mucha religiosidad y de pocas personas que están dispuestas a sacrificarse por seguir a Jesús y dar su vida por él si es necesario. Esto se muestra en el hecho de que si se hace una encuesta sobre la cantidad de personas que son cristianas, se encuentra que más del 90 por ciento dice serlo. Sin embargo, esto no explica el por qué la mayoría de las personas tienen que vivir detrás de rejas como si estuvieran encarceladas.

La diferencia no la hizo el país realmente. La diferencia la hizo un grupo de personas comprometidas con Dios y dispuestas a obedecerlo siempre, de acuerdo a las instrucciones de la Biblia. Cuando obedecemos las instrucciones de Dios marcamos la diferencia y causamos un impacto eterno. Dios busca personas que le obedezcan.

A pesar de la maldad al inicio, Noé se mantenía fiel. Cuando Dios le pidió a Noé que construyera la barca, "Noé hizo todo tal como Dios se lo había ordenado" (Génesis 6:22, 7:5). ¿Se entiende esto? El seguir instrucciones muchas veces es bien difícil. A veces queremos seguir nuestros deseos y nos dejamos dominar por nuestras emociones. Buscamos ponerle el toque personal a lo que hacemos y justificamos por qué debemos hacerlo de esa forma. Queremos privar de que sabemos más que Dios.

Cuando obedecemos las instrucciones de Dios marcamos la diferencia y causamos un impacto eterno.

El encontrar un hombre como Noé que viviera de acuerdo a sus mandatos y estuviera dispuesto a obedecerle siempre fue de gran regocijo para Dios. Esto también fue una gran bendición para la humanidad. La creación hubiese quedado tronchada si no hubiese sido por Noé. Dios está siempre dispuesto a comenzar de nuevo y, por su gran amor, destruye hombre y naciones para proteger a los que le aman (Isaías 43:4). Lo demostró con Noé y lo continuó demostrando a través de la historia.

Dios busca personas que le sean fieles y para protegerlas hace lo que sea. El amor de Dios es tan inmenso que a veces nos es difícil entenderlo. Si no indagamos en las Escrituras, no vamos a entender su gran amor. Posiblemente muchas personas ven la destrucción con el diluvio como un acto cruel. Sin embargo, Dios lo hizo para demostrar su amor por alguien que le obedecía. Noé estuvo dispuesto a perseverar en su propósito, aunque no viera el resultado inmediato, por obediencia a Dios. Dios quiere obediencia por encima de cualquier sacrificio (1 Samuel 15:22).

Lo que sucedió con Noé debe servirnos de base para siempre estar dispuestos a obedecer las instrucciones de Dios. Sin embargo, muchas personas simplemente quieren seguir el deseo de sus corazones y se dejan engañar por él. Para perseverar en nuestra caminata con Dios necesitamos ser radicales. Así como Noé, también hay muchos ejemplos de personas radicales que han decidido nadar contra la corriente para perseverar haciendo lo que agrada a Dios. A través de esta parte del libro continuaremos viendo varios ejemplos.

Noé estuvo dispuesto a perseverar en su propósito, aunque no viera el resultado inmediato, por obediencia a Dios.

En la historia de la humanidad, nunca se ha visto que una persona que haya decidido seguir la corriente de la mayoría haya causado un impacto extraordinario. Las personas que han causado un impacto han sido aquellas que han decidido ir en contra de los estándares establecidos que no agradan a Dios. Inclusive, para mantener el enfoque en hacer lo que agrada a Dios y que la iglesia esté siempre haciendo lo que debe hacer como el cuerpo de Cristo, necesitamos líderes con convicciones. Necesitamos líderes que no se dejen llevar por todas las situaciones difíciles que se presentan en el diario vivir y se mantengan enfocados en hacer lo que Dios quiere sin dejarse abrumar.

Las situaciones de la vida diaria a las cuales tenemos que hacer frente son tantas que si nos enfocamos en resolverlas todas individualmente no tendríamos tiempo para hacer nada más. Hay que enfrentarlas de una forma espiritual y haciendo siempre lo básico. Es por esto que la oración en nuestra caminata con Dios es tan importante. Hay cosas que por nuestra cuenta es imposible enfrentarlas.

Yo tengo una convicción muy personal sobre hacer lo que es recto. Sí necesitamos aprender lo que Dios quiere de nosotros a través de su palabra y debemos estar dispuestos a obedecerla. Ahora bien, mi convicción es también que cuando decidimos ser personas rectas en nuestras vidas buscando hacer el bien y no solo llevándonos por la parte emocional, Dios trabaja a nuestro favor y nos lleva en la dirección que a él le agrada para que aprendamos más cómo vivir de acuerdo a su voluntad. Él pone entendimiento en nuestros corazones y nos da la capacidad para discernir entre lo bueno y lo malo. Cuando no lo hacemos, muchas veces no es porque no lo sabemos, sino porque no lo queremos hacer.

Aun sin ser un discípulo de Jesús, cuando ingresé a estudiar agricultura al Instituto Superior de Agricultura en el año 1982, yo tuve que nadar contra la corriente para poder sobrevivir como estudiante y que no me expulsaran por deficiencia académica. Esto les pasó a alrededor de la mitad de mis compañeros. Ellos simplemente se enfocaron en seguir la corriente de la mayoría. Éramos un total de 65 estudiantes y al final nos graduamos sólo 33.

Yo nadé contra la corriente para mantener mis convicciones en la búsqueda de la excelencia. Mi primer año fue muy difícil. Yo penaba que no iba a sobrevivir académicamente. Aunque no era el más joven del grupo, sí era el más pequeño y el más joven en cuanto a desarrollo corporal. Tenía 16 años, pero todavía era totalmente un niño en todo el sentido de la palabra. Era fácil hacer simplemente lo que otras personas de más experiencia hacían. Pero mis convicciones estaban puestas totalmente en lo que quería, graduarme de bachiller en ciencias agrícolas del afamado Instituto Superior de Agricultura. No quería tener que volver de regreso a mi campo, El Estero, sin mi título.

Pero mi enfoque no se limitó a simplemente graduarme. Buscaba la excelencia académica tal y como la defino en mi libro sobre ese tema. Quería crear una base sólida para el futuro. Creo que lo logré. Los tres años que duré en el instituto me transformaron de niño a hombre y de "malcriado" a ser una persona de convicciones y responsabilidad. Entiendo que Dios también vio mi corazón y entendió que contaba con todos los recursos para ser un discípulo o por lo menos comenzaba a moldear mi corazón para tal fin.

El asunto es que nadé contra la corriente de personas que aun conociendo las reglas de los horarios de estudios, las violaban para no estudiar. Nadé en contra de personas que durante los horarios de estudio se enfocaban en "cherchar". Muchas personas no sobrevivieron y tuvieron que abandonar. Por mi parte, mi enfoque fue enfrentar estas personas y ganarme una mala fama ante mis compañeros, simplemente por ser responsable. Me inspiraba, y también me aterraba, la idea de regresar a mi campo porque me expulsaran del instituto.

Mientras al principio era uno más del montón, al final del primer semestre fui uno de los estudiantes del cuadro de honor. Así, estuve en cuadro de honor en cada uno de los semestres y, al final de los tres años, fui uno de los dos estudiantes de honores reconocidos en la graduación. Al igual que yo, también el otro estudiante de honor llegó a ser un discípulo años más tarde, pero se dejó arropar por las situaciones de la vida y no perseveró en su caminata con Dios. Qué honor fue para mí ayudarlo a llegar. Pero qué dolor fue también verlo abandonar a Dios.

El enfrentar a mis compañeros, muchas veces sin ninguna sabiduría y con rudeza, para tratar de que se enfoquen en seguir las reglas, me hizo ganar el desprecio de muchos. No puedo defender esto. Hubo muchas cosas que pudieron ser mejores de mi parte. Pero el punto que quiero expresar es el de nadar contra la corriente para alcanzar las metas personales y para glorificar a Dios. No puedes simplemente seguir la manada poniendo en peligro el perseverar en tu caminata con Dios.

Regresando de nuevo a Noé, cuando él decidió obedecer a Dios y construir la barca que le había ordenado, posiblemente haya sido el hazmerreír de la mayoría. Ja ja ja.....¡y es que éste está loco! ¡Construyendo un barco en pleno desierto! Noé estaba en el desierto de Ararat.

Eso también sucede hoy en día con los discípulos de Jesús y sucedió también con Jesús y con sus apóstoles. A Jesús lo tildaron de loco. Para muchos su sacrificio en la cruz fue una locura (1 Corintios 1:18). Pero así como la barca de Noé fue la salvación para él y su familia, la cruz fue la salvación para los que entendemos y estamos dispuestos a seguir a Jesús nadando contra la corriente.

En la actualidad muchas personas continúan siguiendo a la mayoría simplemente porque es la mayoría. Muchos siguen buscando caminar por el camino ancho sin hacer un sacrificio por entrar por la puerta angosta. Otras personas simplemente siguen en su pecado, como en los tiempos de Noé, sin hacer caso de las advertencias de Dios (Mateo 24:37, Lucas 17:26). Los que tenemos fe, como la tuvo Noé, (Hebreos 11:7), veremos algo similar cumplirse cuando Jesús vuelva, aunque sea de lejos.

Puedo escribir mucho más sobre Noé, pero si lo hago, creo que estaré lloviendo sobre mojado. Podemos tomar las referencias de Génesis y muchos otros escritos sobre él para aprender más detalles sobre este gran personaje. Lo que sí quiero que entendamos es que, como Noé, debemos estar dispuestos a nadar en contra de la corriente para mantenernos fieles a Dios y ser un ejemplo para las personas a nuestro alrededor.

Me llega a la mente mi hermana Eléxida González. Ella se ha mantenido firme en su caminata con Dios. Por su firmeza y perseverancia puede contar hoy con un esposo, Isaías De Luna, que también ha decidido caminar en los pasos de Dios y perseverar. Hoy son muchas las personas que han recibido ayuda de parte de ellos por su amor, su fe y su perseverancia. Imitemos el ejemplo de Noé. Nademos contra la corriente para perseverar y darle gloria a nuestro Dios.

REFLEXIONES

1. ¿Consideras que siguiendo la manada puedes causar un impacto en la vida?

2. ¿Estás en disposición de imitar personas de convicciones como Noé o Jesús y nadar contra la corriente aunque tengas que pagar el precio de la soledad? El hacerlo te recompensará con bendiciones más allá de lo imaginado.

3. Ponte en los pies de Noé. Si fuera tu situación, ¿seguirías el plan de Dios y sus instrucciones?

III

Job: A Pesar del Sufrimiento

"Si aceptamos los bienes que Dios nos envía, ¿por qué no vamos también a aceptar los males?"

- *JOB 2:10*

En nuestras vidas espirituales pasamos por situaciones bien retantes. En la Biblia tenemos muchos ejemplos que nos fortalecen al ver cómo personas han vencido. También hacemos comparaciones con otros ejemplos de personas que han pasado por lo mismo en la actualidad o de uno mismo cuando escribe para inspirar a otras personas.

En el caso de Job, me encuentro con una situación tan retante que considero que en todo este capítulo me tendré que limitar a describir lo que Job pasó y cómo podemos aprender de su sufrimiento casi más allá de lo que humanamente se puede soportar. Es casi como ver los sufrimientos de Jesús en una persona común y corriente.

¿Encontraré yo algún testimonio de alguien que haya pasado por una prueba similar? ¿Me podré yo identificar con algo de lo que Job pasó para darle más peso a lo que escribo? Lo dudo. Simplemente aprendamos las lecciones del sufrimiento de Job, su fidelidad a su

Dios, sus convicciones y las reacciones de los "amigos" a su alrededor, incluyendo a su esposa.

Cualquiera que quiera dar un testimonio personal sobre los sufrimientos que ha pasado similares a los de Job se quedará corto. En cada uno de estos capítulos trato de buscar testimonios vivientes y usar mi propia experiencia para inspirar, pero compararse con el sufrimiento de Job es un verdadero reto. Aparte de Jesús, no encontramos a alguien que se pueda decir que haya sufrido física y emocionalmente como lo hizo Job. A pesar de todo ese sufrimiento, Job perseveró en su caminata con Dios. Por su fidelidad, Dios siempre estuvo con él y lo bendijo de nuevo más allá de lo que podemos imaginar.

Tengamos presente que todo lo que sucede en este mundo Dios lo causa o lo permite. Dios está en control de los mínimos detalles en este mundo (Mateo 10:29). Es posible que no entendamos lo que sucede con ciertas cosas que pasan, pero Dios está en control. A veces nos enfrentamos con situaciones muy dolorosas que nos pueden conllevar, inclusive, a desconfiar de Dios. Sin embargo, por más dolor que sintamos, debemos confiar en que Dios sabe lo que hace.

A pesar de todo ese sufrimiento, Job perseveró en su caminata con Dios.

Un ejemplo que normalmente doy a personas pasando por situaciones dolorosas es que si Dios nos mostrara un video del curso alternativo de la vida, si no sucede lo que ha sucedido, nos llenaríamos de terror. Lo que sucede en la vida, aunque no lo entendamos, es lo mejor para los que aman a Dios (Romanos 8:28). Y Dios trabaja realmente para el bien de los que le aman. Podemos perder un ser querido en situaciones inesperadas, pero Dios lo hace porque considera que es lo mejor. Estas situaciones o nos moldean el corazón o, según mi opinión, puede evitar una catástrofe futura.

Pensemos, por ejemplo, en un niño que muere y que su muerte causa mucho dolor a sus familiares. Dios pudiera decir que si el niño no hubiese muerto, hubiese ocasionado un fuego en donde la casa entera se iba a quemar, iba a morir toda la familia y también se iban a incendiar otras casas vecinas. ¿Qué te parece?

Recuerdo una vez a principio de los años 90s estando estudiando en los Estados Unidos. Había un programa de niños en Univisión llamado "Carrusel". Era como una novela infantil y me gustaba verlo. Un día los niños iban a la iglesia a pedir a Dios por la salud de la maestra Jimena que había tenido un accidente. Pero hubo un niño que decidió que no iba a ir. Todos se fueron menos él. Cuando se le preguntó por qué no iba, él respondió que la noche en que su abuelita murió, él se pasó toda la noche "rezando" y aun así, Dios no impidió que ella muriera. El oír eso de la voz de un niño, me conmovió profundamente. A veces no entendemos los planes de Dios. Finalmente, luego de que los demás llegaron a la iglesia, el niño también llegó y fue de gran alegría para los demás. Si mal no recuerdo, creo que la profesora no murió en esa ocasión.

Así reaccionamos muchas veces. Oramos y no necesariamente vemos la oración contestada en ese momento. Pero eso no significa que Dios no escucha nuestras oraciones. Él las escucha y las contesta. Lo que pasa es que lo que nosotros pensamos no es necesariamente de la forma que Dios piensa (Isaías 55:8). Dios piensa de forma distinta a la forma de pensar de nosotros. Dios no se va a adaptar a nuestra forma de pensar. Nosotros necesitamos madurar espiritualmente para acercarnos a su forma de pensar y de actuar. Mientras más maduremos espiritualmente, más lo vamos a entender. Esto se logra perseverando en nuestra caminata con Dios.

Comencemos por el principio del relato de la historia de Job y todo lo que pasó. Job era un hombre muy rico y muy fiel a Dios. Dios se regocijaba de él. Él era un hombre muy recto. Pero, ¿creen ustedes que a Satanás le gusta eso? No. Cuando Satanás ve a alguien así y que a través de esa persona otras más se van a acercar a Dios, él enfila todos sus cañones y busca la forma de atacar para tratar de destruirla. Él quiso destruir a Job, pero no pudo lograrlo. Job tenía una relación con Dios muy sólida y no dejó que nada ni nadie lo hiciera desviar.

Dios veía el corazón de Job por encima de todo lo que tenía. Satanás se fijaba solo en las apariencias de Job por sus riquezas. Él se fijó en Job y pensó que su fidelidad a Dios se basaba en sus posesiones. Él pensó que si Dios le quitaba todo lo que tenía, incluyendo la salud, Job iba a renegar de Dios. El primer ataque que hizo a Job fue quitarle sus posesiones una por una. ¿Cómo te sentirías si pierdes en este

¿Cómo te sentirías si pierdes en este momento todas tus posesiones materiales?

momento todas tus posesiones materiales? A veces ponemos nuestra confianza en las riquezas de este mundo. Dios nos advierte que nuestra confianza no debe estar basada en las riquezas, sino en ser justos (Proverbios 11:28). Job entendía esto perfectamente y era lo que practicaba. Job era un hombre justo y sin tacha ante Dios (Job 1:1).

Job recibió una serie de cuatro desastrosas noticias sobre la pérdida de posesiones materiales hasta quedarse sin nada. Luego pierde su familia. ¿Cómo tú reaccionarías? ¿Dirías que puedes identificarte con Job? A pesar de todo eso, el enfoque de Job fue en confiar en Dios y reconocer que Dios se lo había dado todo y que Dios se lo había quitado (Job 1:21). El enfoque de Job fue también alabar a Dios y mantenerse libre de pecado. De nuevo pregunto si hay alguien se puede identificar con esto para que me preste un poco de su fe.

Antes de continuar, veamos todo lo que Dios dice sobre el enfoque en las riquezas y posesiones de este mundo. Si nos apegamos a las cosas de este mundo, sufriremos. Siempre existe la posibilidad de perder las cosas materiales, ya sea por las acciones malignas de Satanás o por decisión de Dios para probar y fortalecer nuestro carácter. No solo debemos no apegarnos a las riquezas de este mundo como mencioné anteriormente, sino que debemos hacer un buen uso de las mismas. Al igual que David en Salmo 119: 14, Job se alegraba más en ser fiel a Dios obedeciendo sus mandatos que en las riquezas que tenía. Job también hacía buen uso de estas riquezas ayudando a las personas necesitadas (Job 29:12).

La verdadera riqueza de Job estaba en su amor a Dios y su rectitud. ¿Dónde está tu riqueza? Es cierto que mi corazón está en mantenerme recto para Dios y hacer lo que sea necesario para perseverar, pero también debo reconocer el deseo ferviente de poder tener ingresos extras para resolver mis compromisos financieros y vivir sin deudas, sin tener que deshacerme de mis activos.

Si nos apegamos a las cosas de este mundo, sufriremos.

Hoy en día, el amor por las riquezas de este mundo es el algo que afecta bastante el que una persona persevere en su caminata con Dios. A veces nos enfocamos bastante en conseguir más o los que tienen mucho se dejan dominar por mantener esas riquezas y no se enfocan en Dios. Es difícil hoy en día encontrar una persona con las riquezas que tenía Job y que su enfoque principal sea el mantenerse recto con Dios. La Biblia nos dice que "más vale humillarse con los pobres que hacerse rico con los orgullosos (Proverbios 16:19). Realmente esa es una tentación, pero Job no se dejó arrastrar por ella.

En mi caso particular, siendo una persona que ha surgido de los escombros, prácticamente, en muchas ocasiones siento esa lucha interior. ¿Me humillo con los pobres o trato de acercarme a los que más tienen para demostrar que tengo cabida en esa clase social? ¿Me voy a jugar baloncesto con los "tígueres" o me voy a jugar golf con una clase a la que no pertenezco y que de "comparón" me he querido insertar?

Gracias a Dios que me ha permitido disfrutar de las bendiciones de tener un grupo de amigos de una clase, por su juventud, diferente a la mía. Digo esto porque, por mi edad y el ambiente académico en el cual me desarrollé, la tendencia era a hoy en día ser parte de un grupo mayor de edad y actuales ejecutivos de diferentes empresas. Sin embargo, he construido unas relaciones con un grupo de jóvenes tan increíbles que cuando yo llegué a la iglesia siendo ya un profesional y profesor universitario, ellos eran todavía estudiantes. Hoy estos jóvenes profesionales son mis grandes amigos, los cuales me retan espiritual y profesionalmente a dar más para Dios y para la sociedad. El pasar por ese proceso ha sido maravilloso. El continuar con mis viejos amigos del mundo solo iba a contribuir a aumentar mi arrogancia, pensando que yo era lo mejor de la bolita del mundo con todos los halagos que recibía.

Continuando con Job, ¿cómo te sentirías de recibir la primera noticia que él recibió, la segunda, la tercera y la cuarta, consecutivamente? Muchos de nosotros no resistimos ni siquiera una para mantenernos firmes en nuestra caminata con Dios. Cuando Satanás vio la valentía de Job, me imagino que le rechinaron los dientes y arreció su ataque. No se enfocó solo en quitarle todas sus posesiones, también hizo que Dios le permitiera quitarle su salud. Él aludía que Job se mantenía fiel porque nada de lo que había perdido le tocaba su pellejo directamente. Pero Dios sabía el gallito de pelea que tenía para dar testimonio de él. Dios sabía que Job se mantendría fiel por encima de cualquier circunstancia.

Posiblemente Dios le dio todo lo que le concedió a Job porque sabía que él sabría cómo administrarlo y cómo mantener su corazón enfocado sin desviarse por el engaño de las riquezas. A veces le pedimos riquezas y otras cosas materiales y no materiales a Dios y no se nos conceden porque Dios sabe que el tenerlas será nuestra perdición (Santiago 4:2).

Cuando Job perdió su salud, fue muy doloroso física y emocionalmente. Satanás conoce muy bien la naturaleza humana, pero su inteligencia es limitada, a diferencia de la de Dios. Él confiaba en que si Job perdía su salud, después de haber perdido todas sus posesiones materiales y su familia, él iba a renegar de Dios. Con la anuencia de Dios, Satanás envió sobre Job una enfermedad que le cubrió la piel de pies a cabeza (Job 2:7). Eso fue realmente doloroso. Pero más doloroso todavía es cuando uno está pasando por una situación de esa naturaleza y no tiene quien se compadezca de uno.

Me imagino que en ese momento de sufrimiento, Job quería encontrar el apoyo de su esposa. Pero no la recibió. Su esposa fue realmente cruel con él. Se ve cuando le dice: *"¿Todavía te empeñas en seguir siendo bueno? ¡Maldice a Dios y muérete!"* (Job 2:9). ¿Cómo tú reaccionarías ante una situación así? Dime. Y de nuevo préstame un poco de tu buena reacción.

Conociendo mi naturaleza emocional y de esperar mucho de las demás personas, yo no me atrevo a describir nada sobre cómo hubiese reaccionado. Lo que sé es que mi reacción posiblemente no hubiese agradado a Dios. Job, por el contrario, como siempre, reaccionó con su característica reacción de un hombre fiel y con un gran corazón para Dios cuando dijo: *"¡Mujer, no digas tonterías! Si aceptamos los bienes que Dios nos envía, ¿por qué no vamos a aceptar también los males?* (Job 2:10). La Biblia también dice que a pesar de todo, Job no pecó ni siquiera de palabras. ¿Qué pensamientos hubieses tú tenido o qué palabras hubieses pronunciado ante tales circunstancias? Posiblemente, por mi naturaleza, mis palabras no hubiesen sido malas, pero estoy seguro que mis pensamientos hubiesen sido impublicables. La emoción me hubiese embargado.

Más adelante vienen los "súper amigos". Ahora vienen los que van a brindar consuelo a Job en este momento de angustia. Los "súper espirituales". ¿Quieres tener algunos amigos como ellos? Te los regalo. Yo no los quiero.

Lamentablemente, a veces nos encontramos con ese tipo de personas, cuya religiosidad las conlleva a tratar de lucir súper espirituales ante cualquier circunstancia, pero con el corazón como el del guayacán. Sus amigos juraban que Job estaba lleno de pecados y que por eso le sobrevino todo ese sufrimiento. Pero también debemos ver el lado positivo de su amistad. Ellos sufrieron por el sufrimiento de Job y lo acompañaron. Ellos no lo abandonaron. Lo que pasó fue que la situación por la que Job estaba pasando estaba fuera de su entendimiento. A veces cometemos el error de dar consejos a personas en la iglesia sobre cosas que no conocemos y que si pasamos por ellas, posiblemente actuaríamos de la misma forma.

Recuerdo una situación más simple una vez en que mi esposa y yo estábamos aconsejando espiritualmente a una pareja que tenía un hijo. Le sugeríamos sobre trabajar con la hora de su hijo ir a dormir para que pudiera descansar bien. En teoría nosotros veíamos lo que se debía hacer, pero no entendíamos el sacrificio. Más tarde, cuando tuvimos nuestras niñas, fue que nos dimos cuenta lo difícil que era poner eso siempre en práctica. Bueno, si se fijan en este ejemplo, se dan cuenta de lo simple que puede ser cualquier analogía si la comparamos con el sufrimiento de Job. Perdón, pero no encuentro cosas que se acerquen más. El sufrimiento de Job es de grandes ligas.

Lamentablemente, a los amigos de Job les faltaba mucha sabiduría para brindar consuelo, aunque lo querían hacer. Dicen las escrituras que *"Hay quienes hieren con sus palabras, pero hablan los sabios y dan el alivio"* (Proverbios 12:18). Si los amigos de Job eran sabios, debían llevar alivio con sus palabras y no más dolor. Realmente sus palabras eran crueles ante tal situación. Esto agregaba más sufrimiento emocional a Job.

He pasado por situaciones un poco parecida a esa en mi vida como cristiano. Me he visto en situaciones en donde personas supuestamente espirituales se han enfocado legalistamente en hacerme ver la parte bíblica que tengo que ver al pasar por una situación difícil. No consideran ni un solo instante la parte emocional de lo que estoy viviendo. Mi amigo Jesús Cruz, tal y como mencioné anteriormente, fue alguien que, en momentos de mis angustias como bebé cristiano en Puerto Rico, pudo identificarse con mis emociones y llegar profundamente a mi corazón. Y, como les dije anteriormente, no era que él toleraba mi pecado. Cuando tenía que retarme, me retaba a arrepentirme.

Con el sufrimiento de Job, también podemos ver que no solo por el pecado personal se pasa por situaciones difíciles en nuestra caminata con Dios. Pero sí vemos que cuando hay pecado de por medio hay que eliminarlo y hay que vencer. Job sufrió porque Satanás quiso hacer de las suyas. Él quería causar sufrimiento y destrucción. El ejemplo de Job debe servirnos para crear más convicciones sobre nuestra perseverancia. Él fue un hombre como tú y como yo. La diferencia era su corazón y su entrega para Dios. Cualquiera de nosotros puede hacer lo mismo y mucho más si se apega siempre a las enseñanzas de Dios.

Yo estoy casi seguro de que Job no se mantuvo firme esperando una recompensa de Dios. Es posible que a un punto él haya perdido toda esperanza. Sin embargo, por su fidelidad y sus convicciones, él se convirtió en un gran instrumento de Dios para darnos grandes lecciones espirituales. Job perseveró en el

> *El ejemplo de Job debe servirnos para crear más convicciones sobre nuestra perseverancia.*

sufrimiento y, de una forma parecida a la de Jesús, Dios lo exaltó a niveles que él nunca se imaginó. Al final, Dios le devolvió su prosperidad material, le dio más hijos e hijas y le dio años de vida para disfrutar de todo eso. Las hijas de Job eran las más hermosas del mundo y su riqueza era mayor que la anterior (Job 42:12-17). Con Job se cumple lo que dice el profeta Joel de que Dios nos recompensa por los años de sufrimiento y destrucción (Joel 2:25-27). Pero para eso hay que perseverar. Job realmente perseveró en su caminata con Dios a pesar del sufrimiento.

Aprendamos las lecciones del sufrimiento de Job. Miremos al interior de nuestros corazones para cerciorarnos que estamos limpios y que cuando suframos, no sea por nuestros pecados, sino por hacer lo que agrada a Dios. Veamos el sufrimiento con una buena actitud y confiemos en nuestro Dios. No guardemos rencor en nuestros corazones a pesar de las reacciones que veamos en las personas a nuestro alrededor. Perseveremos en nuestra caminata con Dios y él nos dará una gran recompensa.

REFLEXIONES

1. Personalmente, ¿hasta qué punto estás en disposición de sufrir para mantenerte fiel a Dios?

2. Si estuvieras en los zapatos de Job, resistirías ese sufrimiento? Y no me digas que en esos tiempos no se usaban zapatos.

3. ¿Qué cantidad de posesiones materiales estás en disposición de dejar que Dios te quite y todavía mantenerte fiel?

4. ¿Qué situación de pérdida de salud puedes resistir y todavía perseverar en tu caminata con Dios?

IV

Daniel: A Prueba de Fuego

"Los hombres sabios, los que guiaron a muchos por el camino recto, brillarán como la bóveda celeste; ¡brillarán por siempre, como las estrellas!".

- *DANIEL 12:3*

Daniel, hombre de convicciones profundas para su Dios, tuvo que pasar por los valles más oscuros del sufrimiento y no solo se mantuvo fiel, sino que con su rectitud pudo, inclusive, ablandar el corazón de un rey tirano e idólatra. A Daniel, conjuntamente con sus otros tres amigos, Ananías, Misael y Azarías, se le pidió, por complacer al rey, que renegara de su Dios y adorara una estatua de oro. Las convicciones de Daniel y sus amigos fueron tales que estuvieron dispuestos a morir en vez de negar a su Dios. Y no solo estuvieron dispuestos a morir, ellos estuvieron dispuestos a morir en un horno encendido. Pero no se apartaron de Dios. Ellos perseveraron y recibieron su recompensa.

Las convicciones de Daniel y sus amigos fueron tales que estuvieron dispuestos a morir en vez de negar a su Dios.

¿Les recuerda esto alguna otra historia? ¿Se les parece esto a Jesús? ¿Qué tú hubieses hecho en este caso? Personalmente no creo que yo lo hubiese hecho. Y espero que mi respuesta no les desmotive y continúen leyendo este libro. Esto realmente no se trata de mí. Yo simplemente estoy escribiendo sobre estos hombres y quisiera imitarlos. Bueno, o tal vez les desmotive también si les digo que yo hubiese hecho lo mismo. Si les digo eso, posiblemente lo haga para mostrar una pantalla luciendo ser un súper hombre. A veces se presentan situaciones en nuestras vidas que no sabemos a ciencia cierta cómo reaccionaríamos. Pero de una cosa yo sí estoy seguro. Cuando amamos a Dios sinceramente y de corazón, entendemos los principios básicos para mantenernos fieles y vivimos agradecidos por lo que Jesús hizo por nosotros, no hay situación, por difícil que sea, que no podamos enfrentar con valentía. Ojalá situaciones como ésta nunca se nos presenten en nuestras vidas. En caso de que se nos presenten hoy en día, son oportunidades para mostrar nuestras convicciones para nuestro Dios.

¿Pero en sí quién era Daniel y qué lecciones podemos aprender de este súper hombre? Perdón, ¿súper hombre o un hombre común y corriente con convicciones para su Dios? Puedo decir que ambas cosas. Un hombre común y corriente con convicciones profundas para su Dios puede convertirse en más que un súper hombre.

Comencemos por decir que Daniel fue un desterrado más de Jerusalén a Babilonia. Él fue llevado a Babilonia cuando el rey de Judá, Joacim, fue capturado por Nabucodonosor (Daniel 1:1-2). Una característica especial que podemos ver en Daniel es que era de familia real, distinguida, culto e inteligente. Hoy en día miramos estas características y por todos los lados nos da que sería un gran reto que alguien así pueda ser una persona de convicciones para Dios y que esté en disposición de dar su vida por mantenerse fiel y por el bien de los demás.

A veces, nuestra falta de convicción, nuestras debilidades y nuestros estereotipos nos conllevan a acercarnos a personas como uno mismo. Creemos que personas con las características de Daniel no vendrían ni siquiera a la iglesia a buscar de Dios. Pero viendo el ejemplo de Daniel, debemos entender que Dios llama a todo tipo de persona y que, en términos inversos, también "de cualquier yagua vieja, sale tremendo alacrán". Es decir, que podemos ver alguien sin mucha apariencia y puede convertirse en una persona de grandes convicciones para Dios. No es lo que los ojos humanos pueden ver, sino lo que Dios ve en el corazón de las personas.

En el caso de Daniel, sus características particulares fueron la base para que originalmente fuera escogido para ser entrenado y comenzar su servicio en el palacio del rey. Desde el inicio, Daniel y sus amigos mostraron sus convicciones. Ellos decidieron no contaminarse con los alimentos del rey, los cuales se consideraban que eran especiales y para personas especiales (Daniel 1:8-9). Sus convicciones hicieron que Dios los bendijera grandemente (Daniel 1:17-21).

Por la sabiduría que Dios le había dado a Daniel, él pudo ser de gran ayuda al rey mientras el rey se encontraba en una situación difícil. Daniel interpretó su sueño y fue de gran alivio. Por su sabiduría, el rey puso a Daniel, y por petición de Daniel también a sus amigos, en altos puestos de la administración de la provincia de Babilonia (Daniel 2:48-49). Además, es bueno resaltar que por lo que Daniel hizo, el rey pudo, por lo menos de boca, reconocer la grandeza de Dios (Daniel 1:47).

¿Y qué se puede esperar normalmente de personas que ocupan cargos públicos? Todo esto es señal de corrupción. Podemos ver los diferentes ejemplos hoy en día e históricamente en nuestros países. Daniel y sus amigos, al contrario, nos dan un gran ejemplo de rectitud y de fidelidad por obediencia a su Dios.

Los compañeros de Daniel y sus amigos sintieron envidia por el éxito que habían tenido.

¿Qué se puede esperar ahora de las personas a su alrededor al ver las convicciones de estos hombres y las posiciones que están ocupando al ganarse el favor del rey? Lo mismo que ha sucedido siempre. Envidia y rivalidades. Desde esos tiempos hasta nuestros días, se ve la envidia de la gente y todas las zancadillas que se les pone a las personas rectas y, especialmente, a personas de convicciones profundas para Dios.

A partir de este punto vamos a ver todo lo que estos hombres pasaron y cómo sus convicciones para Dios, a pesar de las dificultades, causaron un impacto eterno para las personas de ese tiempo y para nosotros hoy en día. También se puede ver el final que les espera a las personas que luchan en contra de los hijos de Dios y a las que perseveran.

Daniel y sus amigos continuaron siendo excelentes en todo lo que hacían para el rey. Pero tampoco desviaron sus convicciones para Dios. Esto hizo que tuvieran un gran impacto en la administración y que Dios les bendijera grandemente. Pero, como normalmente sucede en este mundo, y lo dice claramente la Biblia, el éxito de una persona provoca envidia (Eclesiastés 4:4). Los compañeros de Daniel y sus amigos sintieron envidia por el éxito que habían tenido. Por eso buscaron la forma de desacreditarlos ante el rey. Pero, como he mencionado anteriormente, los ataques externos no hacen ningún daño a una persona. Lo que destruye es lo que está en el corazón. La amargura de esas personas finalmente contribuyó a que Daniel y sus amigos causen un mayor impacto. Ellos, por el contrario, fueron destruidos.

Se puede ver que Daniel tuvo una gran influencia entre sus amigos y, posiblemente, ellos en Daniel también. La Biblia no lo menciona, pero vemos los resultados de sus convicciones. Estas personas, usando su inteligencia mundana, buscaron crear una situación que no fallara para calumniar a los amigos de Daniel. Y desde el punto de vista del mundo, no falló. Pero Dios nunca abandona a sus hijos. Dios siempre nos acompaña en los momentos más difíciles cuando le somos fieles. Los amigos de Daniel estuvieron dispuestos a que los echen en el horno de fuego por no adorar la estatua de oro y no desviarse de sus convicciones hacia su Dios, nuestro Dios (Daniel 3).

Daniel y sus amigos estaban seguros de que, de una forma u otra, Dios les iba a ayudar. Ellos estaban dispuestos a mantener sus convicciones, inclusive, si Dios no les ayudaba en esa situación. Sus convicciones eran tan profundas que nada les hacía cambiar. En cambio, todos los aduladores del rey iban como corderos al matadero a adorar la estatua de oro. Buscaban complacer a un hombre sin importar que eso fuera en contra de Dios. Esto lo continuamos viendo hoy en día. Muchas personas piensan que un político o una persona de influencia cualquiera es la solución a nuestros problemas.

Dios actuó poderosamente en esta ocasión y salvó a estas tres personas de las llamas de un horno encendido. Esto causó un gran impacto ante el rey, y, estoy seguro, ante otras personas a su alrededor también. De nuevo, las convicciones de estos hombres hicieron que el rey Nabucodonosor alabara a Dios cuando dijo: "*¡Alabado sea el Dios de Sadrac, Mesac y Abed-nego, que envió a su ángel para* *salvar a sus siervos fieles, que no cumplieron la orden del rey, prefiriendo morir antes que arrodillarse y adorar a otro dios que no fuera su Dios!"* (Daniel 3:28). Si nos fijamos bien, Dios está usando estas situaciones para moldear el corazón del rey. ¿Y qué pasó con los que los calumniaron? Ellos corrieron la suerte de los que se dejan dominar por el pecado, murieron (Santiago 1:14-15). Ellos fueron finalmente echados al horno de fuego (Daniel 3.22-23).

Pero como Satanás no descansa y siempre anda buscando que las personas cambien sus convicciones para Dios, para devorarlas como un león rugiente (1 Pedro 5:8), así también los envidiosos continúan siendo instrumentos de Satanás. Daniel continuó siendo una gran ayuda para el rey (Daniel 5) y destacándose por encima de los demás por su gran capacidad. (Daniel 6:3). Pero los demás gobernadores buscaron un motivo para acusarlo de mala administración. De nuevo lograron convencer al rey con mentiras para que promulgara un decreto que afectaba directamente a Daniel. En esta ocasión, de nuevo Daniel estuvo dispuesto a sufrir las consecuencias de seguir fiel a su Dios.

La medida era que durante treinta días no se haga ninguna súplica a ningún hombre ni a ningún Dios, solo al rey (Daniel 6:7). Ellos sabían con seguridad, conociendo la rectitud de Daniel y su amor por su Dios, que él no obedecería el decreto. De nuevo, lograron salirse con la suya pensando que podían destruir a un hombre de Dios. Hicieron que Daniel fuera echado en el foso de los leones. ¿Quieren que les siga describiendo lo que pasó? No, estoy casi seguro que todos hemos oído la historia. Como Dios nunca abandona a sus fieles, él envió un ángel a proteger a Daniel y los leones no le hicieron nada.

¿Qué te parece si te ves en una situación como ésa? ¿Tendrías la fe para confiar en que saldrías con vida? Si me dices que sí, por favor préstamela que yo no la tengo. Daniel fue librado de la muerte y de ser comido por leones, y fue puesto en una posición más alta en la administración. Sus acusadores, en cambio, fueron echados al foso, conjuntamente con sus familiares, y despedazados desde antes de llegar al fondo. Conociendo la historia, ¿te

Daniel estuvo dispuesto a sufrir las consecuencias de seguir fiel a su Dios.

atreverías a levantar alguna calumnia como ésta a alguien?

Una historia parecida a ésta es la de Amán y Mardoqueo, la cual se describe en el libro de Ester. Amán quiso destruir a Mardoqueo y su raza. Finalmente, resultó lo contrario. Amán tuvo que rendirle honores a Mardoqueo. Además, él mismo fue colgado en la horca que había mandado a construir para Mardoqueo, un hombre de Dios y de servicio a su rey.

Por favor, no hagas nada en tu vida a favor de Dios si tú no quieres. Vete al infierno en paz si gustas. Pero que no se te ocurra en tu vida calumniar a un hijo de Dios. ¿Entienden mi punto? Mi apreciación personal es que las consecuencias de eso son peores, inclusive, que irse al infierno mismo. Si no haces nada, te vas al infierno. Si calumnias a alguien de Dios, serás humillado en esta tierra y, si no te arrepientes, también te vas al infierno a seguir pagando las consecuencias. ¿Qué te parece?

Yo he pasado por situaciones de envidia en mi vida profesional, pero ninguna se compara con una de éstas. Las personas inseguras y mediocres en el ambiente laboral, como no tienen cómo sobresalir por sus propios méritos, normalmente buscan cómo empañar a las demás. Si las empañan, lo poco que ellas hagan momentáneamente lucirá mucho. Cuando situaciones parecidas me han sucedido, Dios siempre me ha llevado a posiciones no imaginadas y me ha bendecido más de lo que yo he pensado.

Cuando se trabaja en un ambiente con buenos profesionales y personas de carácter, esas cosas que menciono se aminoran, pero no quiere decir que se eliminan completamente. Inclusive, en el reino se dan situaciones de luchas y envidia con las que hay que luchar para que no causen división y destrucción en la iglesia.

En mi primer trabajo como profesional en la universidad la situación era retante por la falta de recursos y las precariedades que se tenían. Pero había un ambiente bueno y de confraternidad. Mis primeras enseñanzas vinieron al yo renunciar de la universidad y mudarme a Santo Domingo a trabajar como supervisor de ventas para dos empresas de plásticos que se manejaban en conjunto. El ambiente era bien hostil. Primeramente, tenía que compartir mi misma función de supervisor con alguien mayor que yo, con experiencia de haber trabajado en el sector público dominicano y con una menor preparación académica. Lo primero que vi fue cómo aparentemente "le serruchó el palo" a alguien que iba a estar en su posición. Esta persona estaba de asistente del asesor de mercadeo haciendo algunas gráficas y tablas manuales. Posiblemente él estuvo buscando que se pusiera directamente como supervisor de ventas. Al ver llegar a dos otras personas, es posible que haya sentido envidia. Yo veía cómo esta persona trataba de desmotivarnos sobre lo que íbamos a hacer. Y creo que sus ideas fueron de los factores para que el otro no aceptara la posición.

Yo entendía que me estaba quedando solo y así me lo hizo saber el gerente de ventas, el cual me comunicó que entre los dos "íbamos a armar el muñeco". Luego veo que la persona a la que me refiero la estaban también nombrando como supervisor de ventas para manejar la mitad de la fuerza de ventas y yo la otra mitad. Cómo joven ingenuo y sin malicias en el ámbito profesional y confiando en lo que había aprendido, yo no le daba mente a nada de lo que podía estar pasando. Luego, no sé exactamente lo que estaba haciendo conmigo. Lo que sí sé es que la relación entre nosotros era hostil. También todo el ambiente laboral en la empresa era raro.

Bueno, para no seguir cargando con todas estas descripciones, ¿saben qué pasó conmigo? Dios me sacó de ese ambiente. Sentí una gran alegría cuando a los dos meses me dieron mi carta de cancelación. Ese fue mi punto de partida para hacerme discípulo en Puerto Rico. Dios tenía un plan mucho mejor para mí, pero antes quiso que yo aprendiera un poco sobre el mundo y todas sus dificultades.

Tuve también otra experiencia difícil trabajando para otra empresa luego de ser discípulo. Mi naturaleza siempre ha sido de pensar positivo hacia las personas y de enfocarme en sí en la Biblia. La mayor experiencia que yo había tenido era todo mi tiempo en el ambiente académico y mi vida simple de campo. Yo oía todos los chismes sobre otras personas. Y me sentía bien de que no hablaban de mí. Claro que no. No hablaban delante de mí. Obviamente que si hablaban de los demás, también lo hacía de mí cuando yo no estaba. Luego Dios también me sacó de ese ambiente. Yo no me explicaba el por qué yo estaba dentro de esa empresa. Yo era el supervisor de ventas de una empresa de bebidas. Después de ahí "jalé aire" por unos siete meses. Pero Dios también estaba moldeando mi corazón para más bendiciones.

Luego duré un año dentro de una organización con enfoque religioso en donde la situación era mejor. Después pasé a laborar por once años para el Gobierno de los Estados Unidos de Norteamérica.

Ahí tuve dulces y amargas experiencias. De nuevo, con un enfoque siempre positivo, me enfocaba en hacer mi trabajo lo mejor posible.

Obviamente que siempre hay muchos aspectos en los que se puede mejorar, incluyendo las relaciones interpersonales. También debo confesar que a un punto "tiré la toalla" y me rendí invitando a mis compañeros a actividades de la iglesia. Les invitaba y siempre rechazaban la invitación.

Me decepcionaba ver personas que no confiaban en que alguien pudiera decir la verdad y que creyeran que siempre se estaba actuando por dar a entender una cosa y que lo que se quería hacer era otra. Pero la situación más difícil fue al final de mis días cuando se me dice en una reunión que el principal problema en la oficina era yo. ¿Y saben por qué? Porque no me unía a sus chismes y mentiras. Pero también debo confesar que a veces me dejaba arrastrar por el grupo, compartiendo ciertas conversaciones que no debía, por no sentirme apartado.

Posiblemente, el no ser completamente radical me impidió causar un mayor impacto. Más tarde, cuando yo no pensaba emplearme, sino trabajar independiente, Dios me permitió compartir el ambiente laboral con un equipo maravilloso por un poco más de un año. Considero que ésa fue una gran bendición de Dios para que me pudiera retirar a trabajar independiente de nuevo con un buen sabor y actitud hacia el ambiente laboral en la República Dominicana. Bueno, lo que sucedió en este caso fue que me encontré con personas muy similares a las personas con las que originalmente compartí cuando estaba trabajando en la universidad y con viejos amigos del ambiente académico.

Les comparto mi experiencia, pero espero que jamás vayan a pensar que me quiero comparar con Daniel o sus amigos. Sus convicciones fueron tan fuertes que, por más radical que yo sea, no creo que les podré llegar ni a los tobillos. Debemos imitar a hombres de sus convicciones para causar un impacto en otras personas y perseverar en nuestra caminata con Dios.

REFLEXIONES

1. ¿Realmente crees en toda la historia de Daniel?

2. ¿Hasta qué punto tú resistirías la presión de los demás y las calumnias sin abrir tu boca para defenderte confiando en que tu Dios vendrá en tu ayuda?

3. ¿Qué impacto estás causando guiando a otros/as para brillar como las estrellas?

4. ¿Cuál es tu definición personal de convicción y rectitud?

V

Esteban:
Sus Convicciones Conmovieron
al Mismo Jesús

"Pero él, [Esteban] lleno del Espíritu Santo, miró al cielo y vio la gloria de Dios, y a Jesús de pie a la derecha de Dios".

- *HECHOS 7:55*

Una forma de perseverar en nuestra caminata con Dios es, cuando pasamos por situaciones difíciles, siempre pensar qué haría Jesús en tal situación. El pensar en esto y hacer lo que él haría no nos librará de sufrimientos, obviamente, pero sí nos mantendrá firmes y al final recibiremos nuestra merecida corona. Esteban es un digno ejemplo de alguien que buscó imitar a Jesús hasta el final de sus días hasta convertirse en el primer mártir por su causa.

Esteban es un digno ejemplo de alguien que buscó imitar a Jesús hasta el final de sus días hasta convertirse en el primer mártir por su causa.

Para información, Esteban no fue uno de los doce apóstoles. Esteban fue uno de los escogidos cuando la iglesia comenzó a crecer y se comenzaron a presentar problemas administrativos con relación a la distribución diaria para las viudas de habla griega y las de habla hebrea (Hechos 6:1-5). Por si acaso, esto que digo para información fue algo que tuve que refrescarlo y revisarlo mientras escribía. Cuando comencé a escribir, pensaba que estaba escribiendo sobre uno de los doce apóstoles. Entiendo que Esteban no caminó con Jesús. Él no aparece en el escenario antes.

Esteban fue escogido después de muchas oraciones de los apóstoles para que Dios les iluminara. Los apóstoles buscaban personas de confianza, entendidas y llenas del Espíritu Santo. Él cumplía con todas esas características. Pero hay que fijarse también que el hecho de que Dios iluminara a los apóstoles para escoger estas personas no era una garantía de que todos se mantendrían enfocados haciendo lo que tenían que hacer o manteniendo sus convicciones. Esto es similar a lo que hizo Jesús cuando escogió a sus apóstoles. Dentro del grupo estuvo Judas Iscariote.

Dentro de este grupo para la administración, estuvo también Nicolás. Les dejo de tarea investigar quién fue Nicolás y qué hizo más tarde. Luego ustedes pueden compartir los resultados conmigo como agradecimiento por yo haberles escrito este libro. Como pista, busquen a los nicolaítas. Pero también hago la salvedad de que se menciona la acción de los nicolaítas, pero no de Nicolás. Tal y como ha sucedido con diferentes movimientos religiosos, es posible que después de la muerte del líder, algunos hayan querido hacer cosas malinterpretadas sobre las enseñanzas de Nicolás. Pero no te desvíes, Wagner, enfócate en Esteban.

Esteban siempre hablaba con la sabiduría que le daba el Espíritu Santo.

Posiblemente lo que se esperaba de Esteban era que se enfocara en ser un buen administrador. No necesariamente que diera el testimonio espiritual que dio. Pero sucede que una persona que entiende lo que significa la responsabilidad de caminar en los pies de Jesús no hace una diferencia entre lo que es la vida normal y la vida en la iglesia. El enfoque es agradar a Dios siempre. Esteban siempre hablaba con la sabiduría que le daba el Espíritu Santo. Y esto molestaba a otras personas no espirituales (Hechos 6:8-10). Debido a esto, y como no podían hacer frente o vencer a una persona espiritual, se inventaron mentiras para tratar de vencer a Esteban.

Lo he mencionado anteriormente y lo repito. Lo que la gente haga o diga no me hace daño por más tenebroso que luzca. Lo que me hace daño es lo malo que haya en mi corazón. Ninguna de las calumnias que estaban diciendo contra Esteban le hacía daño, aunque sí lo ponían a sufrir. Al contrario, esas calumnias aumentaban sus convicciones y preparaban las bases para que el cristianismo causara el impacto que hemos visto hasta el día de hoy. Al Esteban ser apresado y llevado ante la Junta Suprema, le dieron la oportunidad de dar testimonio ante las autoridades. Ellos vieron sus convicciones y también su inocencia al ver su cara como la de un ángel.

Al igual que Jesús, ante las acusaciones, Esteban no buscó defenderse. Él dio un poderoso testimonio de Jesús predicando su palabra. Esteban se basó siempre en el conocimiento de las Escrituras para dar ese testimonio. Él hizo un relato desde Abraham hasta Jesús y nunca bajó sus convicciones por defender su vida. Para perseverar en nuestra caminata con Dios hay que apegarse a las Escrituras y utilizarlas siempre para dar testimonio. Más que esforzarnos en utilizar nuestras ideas particulares, debemos utilizar las Escrituras. Debemos dar testimonio de un Jesús crucificado y siempre orientarnos hacia nuestro objetivo de moldear los corazones para que la gente venga a los pies de Jesús.

Esteban se basó siempre en el conocimiento de las Escrituras para dar ese testimonio.

Si reflexionamos sobre la defensa de Esteban, vemos que la gente lo escuchó. Con la ayuda de Dios él pudo dar el testimonio que tenía que dar. Y luce que él lo pudo hacer sin interrupciones.

Situaciones difíciles en nuestras vidas, al igual que en la de Esteban, nos llevan a otras situaciones y lugares donde no nos imaginábamos que podíamos llegar. ¿Cuál es la situación más difícil que te imaginas que puedes llegar a enfrentar? ¿La cárcel? Esta sería una situación difícil para mí en este tiempo. Sería algo vergonzoso y retante. Pero si por mis convicciones para Cristo tengo que enfrentarla, debo hacerlo con gozo y llevar el mensaje de Jesús. Sé que es fácil decirlo y difícil enfrentar la realidad. Pero la cruz de Jesús y todos estos testimonios deben moldear mi corazón para enfrentar cualquier situación que se me presente.

Si vemos más adelante, Esteban pudo haberse decepcionado con haber dado un testimonio tan bueno como el que dio y no ver un cambio en las personas. En vez de cambiar, las personas se enfurecieron más. Aun así, él no bajo la guardia. Él mantuvo el mismo enfoque espiritual. Él confiaba en que su perseverancia iba a producir sus frutos tarde o temprano. Su perseverancia aportó, aunque sea un poco, a las convicciones futuras de Pablo. Éste presenció su apedreamiento y su muerte, y dio su aprobación.

Al igual que Jesús, Esteban no guardó ningún resentimiento en su corazón en contra de los que lo mataban.

Mientras lo apedreaban y estuvo a punto de morir de esa cruel manera, Esteban tampoco perdió su enfoque. Al igual que Jesús, Esteban no guardó ningún resentimiento en su corazón en contra de los que lo mataban. Al contrario, él pidió a Dios que los perdonara porque no sabían lo que estaban haciendo (Hechos 7:60). Además de Pablo, es muy probable que otros de los que estaban ahí, hoy también estén en el cielo con Esteban por haber cambiado sus vidas debido a este gran testimonio.

Esteban perseveró en su caminata con Dios y con ello pudo darle gloria y conmover a Jesús en el cielo. Cuando se hace mención de Jesús en el cielo al lado de Dios, normalmente él está sentado. En esta situación particular, cuando Esteban lo ve, Jesús está de pies. Me imagino lo que Jesús estaba diciendo en ese momento. "Bien hecho mi siervo fiel y valiente. Has perseverado. Ven a ocupar tu merecido lugar con nosotros". Y esto también se puede decir de cada uno de nosotros cuando perseveramos en nuestra caminata con Dios.

REFLEXIONES

1. ¿Cuál de tus hechos en la vida consideras que han conmovido a Jesús?

2. ¿Resistirías ser apedreado por mantenerte fiel a Jesús? Dije apedreado. Las piedras son duras. Sin anestesia.

3. ¿Has pasado por situaciones de verdadero sufrimiento por ser cristiano/a, o estás en disposición de sufrir para serlo?

4. ¿Te has quejado por un simple sufrimiento insignificante?

VI

Abraham: Una Fe Inquebrable

"…..Por medio de ti bendeciré a todas las familias de mundo".

- *GÉNESIS 12:3*b

Wagner, ¿y tú crees que puedes hacer aporte alguno para alguien hablando sobre Abraham? Debes entender que Abraham es alguien tan conocido que lo que tú puedes hacer escribiendo es llover sobre mojado. ¡Wow! Es verdad. "Puede ser. Sí señor". "A lo profundo. No y no, no y no y no".

El que alguien piense de esta forma, no significa que estaría pensando diferente a mí. Yo lo pensé bastante y estuve a punto de borrar a Abraham del listado de personajes a incluir en esta parte del libro. Luego pensé que no. Pensé que aunque muchas personas han escrito sobre Abraham, su testimonio es demasiado impactante para que yo lo deje fuera. Además, a veces pensamos que no podemos hacer un aporte nuevo y que la gente no se va a inspirar con lo que escribimos. Luego recibimos los comentarios sobre el impacto de eso y nos asombramos. Esto se da especialmente con las personas que vienen detrás de nosotros. Por nuestra experiencia creemos que nuestras ideas son muy simples y luego vemos el impacto que las mismas causan en los jóvenes. A veces nos surgen ideas que Dios ha decidido que sea uno quien las vea para que las comparta. Esperemos al final para ver qué nos dice la historia sobre esto.

¿Por qué Abraham y no uno de sus antepasados o uno de sus antepasados después de Noé, como su padre Taré o uno de sus hermanos o su abuelo Nacor, hijo de Sem, que fue hijo de Noé? Bueno, vemos también aquí que Abraham fue bisnieto de Sem y tataranieto de Noé. ¿Y fue que en ese espacio de tiempo y generaciones Dios no encontró a alguien como él? A juzgar por las bendiciones a sus antepasados directos, entiendo que las bendiciones a Abraham y su descendencia fueron también bendiciones para su padre, su abuelo y todos los demás hasta Noé. No creo que sea que Dios no haya visto los corazones de los demás o que los demás no hayan tenido el corazón para Dios.

Las oportunidades de causar un impacto para la gloria y honra de Dios todavía siguen latentes.

Fue que Abraham tuvo un corazón extraordinario. Dios no necesitaba un buen corazón, él necesitaba un súper corazón para establecer una súper zapata para el futuro.

El trabajo todavía no termina. Dios continúa buscando esos corazones. Las oportunidades de causar un impacto para la gloria y honra de Dios todavía siguen latentes. ¿O crees que las oportunidades ya han pasado? Definitivamente que no. Dios continúa trabajando para recobrar a sus hijos. La forma en que Dios va a ganar la mayor cantidad es a través de personas que tengan un súper corazón para él. ¿Te animas o buscas simplemente perseverar? Bueno, el perseverar en tu caminata con Dios es la meta, pero para cerciorarnos de que perseveramos, hay que dar lo mejor de sí para Dios.

No podemos conformarnos con poco cuando sabemos que Dios nos puede dar en abundancia. Alguien dijo una vez "piensa en grande y volarás, piensa pequeño y caerás". Realmente la rima estaba en inglés: "Think high and you will fly. Think low and you will fall".

Dios mantiene sus promesas hoy en día y muchas personas no las aceptan.

Debemos buscar causar el mayor impacto posible para Dios y no simplemente perseverar.

Abraham fue un hombre de fe. Su impacto lo hemos visto a través de la historia, en nuestros días y lo continuaremos viendo por toda la eternidad. ¿En dónde radica el impacto de Abraham? Básicamente en su fe y sus profundas convicciones para su Dios, nuestro Dios. Vemos su fe, pero también vemos su corazón, su obediencia y las acciones que acompañan esa fe.

Anteriormente yo había descrito sobre el enfoque de Abraham en hacer siempre la voluntad de Dios y no su propia voluntad. Lo describimos cuando dejó que Lot decidiera la parte de la tierra por donde quería irse y él aceptaría lo que Lot le dejara. Pero antes de eso, debemos describir el llamamiento de Abraham a dejar la casa de su padre a la edad de 75 años para irse a una tierra desconocida. Dios prometió hacer de Abraham una gran nación, bendecirlo y hacerlo famoso.

Reflexionemos un poco sobre esto. ¿Quién por conveniencia no decide tomar una decisión en una vía o en otra? Yo considero que no es difícil para una persona tomar la decisión cuando por medio de eso lo que le espera son grandes bendiciones y fama. Eso es cierto. Pero en la decisión de Abraham, antes que todos esos beneficios, lo que se vio fue su fe. A veces nos prometen esos beneficios y no confiamos. Abraham confió en las promesas de Dios.

A través de la Biblia vemos todas las promesas de Dios, pero también vemos muchas personas que no confían. Dios mantiene sus promesas hoy en día y muchas personas no las aceptan. ¿Estás tú confiando en todas las promesas que Dios te hace por serle obediente? Dios nos hace las mismas promesas que le hizo a Abraham. Dios no pasa por alto la obediencia y la fe de sus hijos. Yo me atrevo a hacer una afirmación radical. Todavía hoy en día Dios puede iniciar otra travesía en el mundo con alguien que tenga la fe, el corazón y la determinación de Abraham. ¿Lo crees? Dios es el mismo hoy que lo que ha sido siempre. Hoy en día abunda la falta de fe y la maldad en el mundo. La tentación al pecado es muy grande y Dios se regocija en ver a personas que lo amen y estén dispuestas a hacer cualquier sacrificio por él y por servir a su pueblo.

El que Abraham haya obedecido y confiado en Dios con sus promesas no quiere decir que no iba a encontrar dificultades. Las promesas de Dios siempre se cumplen, pero en el trayecto tenemos que seguir manteniendo nuestra fe para vencer todos los obstáculos que se nos presentan. Abraham pudo desanimarse en el camino cuando se presentó una gran escasez de alimento estando él viviendo en la región del Néguev. Él tuvo que irse a vivir a Egipto por algún tiempo (Génesis 12:10). Es bueno resaltar que Abraham no se devolvió hacia Harán de donde había salido. El continuó su viaje. A veces pasamos por situaciones en nuestras vidas y lo que hacemos es mirar hacia atrás. Tratamos de regresar. Dios quiere que siempre miremos hacia adelante.

Con la situación de la falta de alimentos, Abraham no se desanimó. Él continuó confiando en las promesas del Señor y perseverando. Además, yendo a Egipto, él corría el riesgo de que lo mataran para apoderarse de su esposa, pero Dios lo protegió. De nuevo vemos un episodio aquí, o podemos decir que fue el primero, en donde alguien sale de un lugar por la falta de alimentos y luego tiene que regresar. Pero, por lo menos, por causa de Sara (Sarai), Abraham consiguió regalos que le hizo el faraón y en sí también él era muy rico. La cuestión era la falta de alimentos.

Según las Escrituras, se nota que Abraham era también un guerrero muy valiente. Cuando Lot fue hecho prisionero, Abraham fue quien lo rescató venciendo a cuatro reyes. Éstos anteriormente habían vencido a otros cinco reyes más. Abraham los venció con solo la ayuda de sus criados. Es de suponer que todo el entrenamiento que los criados tenían lo habían recibido de Abraham como su líder. Además, Abraham no estaba enfocado en hacerse rico con las posesiones de otro. Su enfoque era solo hacer la voluntad de Dios. Esto hizo que el sacerdote Melquisedec también lo bendijera cuando le dijo: *"Que te bendiga el Dios altísimo, creador del cielo y de la tierra; y alabado sea el Dios altísimo que te hizo vencer a tus enemigos"* (Génesis 14:19-20). También se ve claramente que Abraham no venció a los reyes por sí mismo. Los venció porque Dios hizo que los venciera. Esto nos muestra que con la ayuda de Dios podemos vencer cualquier obstáculo y perseverar en nuestra caminata con él.

...con la ayuda de Dios podemos vencer cualquier obstáculo y perseverar en nuestra caminata con él.

Más adelante, Dios hace un pacto con Abraham. (Génesis 15). Dios promete que su recompensa va a ser muy grande. Abraham consideraba que de nada valían las bendiciones y las recompensas si, al final, su heredero iba a ser uno de sus criados. Pero Dios le prometió que su heredero iba a ser su propio hijo y no un extraño.

Dios le prometió también que el número de sus descendientes sería como las estrellas del cielo que no se pueden contar. Bueno, no solo un hijo, sino que de él surgirían innumerables generaciones. *"Abraham creyó a Dios y por eso el Señor lo aceptó como justo...."* Génesis 15:6).

¿Hubieses tú creído todas estas promesas? Las promesas de Dios se mantienen hoy en día para los que le son fieles. ¿Lo crees? ¿Qué crees que Dios no es capaz de hacer en tu vida? Dios es un Dios de lo imposible según los ojos o la mente humana.

Es bueno resaltar también que con las promesas de Dios también hay que estar en disposición de aceptar todos los retos que las mismas traen consigo. Dios le advirtió a Abraham que sus descendientes iban a vivir en un país extranjero y que serían esclavos y que serían también maltratados por cuatrocientos años. Pero también le prometió que luego saldrían libres y con grandes riquezas (Génesis 15:13-14). Esto se parece mucho a la promesa que Dios nos hace en Marcos 10:29-30, de que recibiremos cien veces más de lo que dejamos por el reino de Dios, pero con persecuciones. Para recibir todas estas bendiciones, necesitamos confiar en Dios, estar en disposición de sufrir por su causa y perseverar en nuestra caminata con él.

Como Dios prometió a Abraham un hijo, Abraham pudo haberse conformado y ver su promesa cumplida cuando Dios le dio a Ismael, el hijo de la esclava Agar. Sin embargo, Dios todavía le tenía una bendición más grande. Es posible que su bendición se quedara tronchada si la misma no era también compartida con su esposa Sara. Por lo tanto, Dios, viendo el corazón de Abraham, le prometió que tendría un hijo nacido de su esposa siendo ellos ancianos y después que Sara había dejado de tener sus períodos de menstruación (Génesis 18). Esa promesa se cumplió con el nacimiento de Isaac (Génesis 21:3). Isaac nació cuando Abraham tenía cien años de edad (Génesis 21:5).

A cada instante, se ve el corazón de Abraham. Su enfoque era también de siempre servir y no de ser servido. En el episodio cuando los ángeles se le aparecieron, su enfoque fue en servirles (Génesis 18:4-8). Dios bendice esos corazones. Lo vemos claramente en Jesús, pero eso viene desde el principio.

Pero el hecho que coronó a Abraham como el padre de la fe fue el obedecer a Dios cuando le pidió que sacrificara a su hijo Isaac.

Después de Dios haberle dado a Abraham a su hijo Ismael, como resultado de su unión con la esclava de su esposa Sara, Dios le concedió a su esposa darle un hijo también. Esta fue una gran bendición para el matrimonio. ¿Y para quién fue la bendición en sí, para Sara o para Abraham? La promesa original fue a Abraham, pero la bendición le vino a través de su esposa. Ambos disfrutaron de la bendición. Esto se asemeja a la bendición que Ana tuvo de tener a Samuel después de ser estéril y de rogarle a Dios que le diera un hijo. Tanto Ana como su esposo Elcana disfrutaron de la bendición. Pero en sí la bendición vino por las oraciones de Ana (1 Samuel 1:15-16).

Luego de Dios darle a Abraham a su hijo Isaac, le pidió que lo ofreciera en sacrificio en un Holocausto. Abraham obedeció a Dios y no vaciló. Él caminó varios días hasta el lugar donde lo iba a sacrificar y no se ve que en algún momento vacilara en hacerlo.

Algo impactante de Abraham también fue cuando él pidió a los que lo acompañaban que se quedaran, mientras él iba a ofrecer el holocausto con su hijo y que luego los dos regresarían. Uno puede preguntarse en este caso si en realidad Abraham estaba diciendo que volverían los dos o era una forma de evitar que le hicieran alguna pregunta en la que él se viera en una encrucijada para revelar su plan. Conociendo la fe de Abraham, podemos deducir que es posible que Abraham estuviera confiando en que Dios tenía el poder, inclusive, de resucitar a Isaac luego de que fuera ofrecido en sacrificio.

Abraham obedeció a Dios y no vaciló.

Pensemos por un momento lo que emocionalmente pudo pasar con Abraham y lo que pudiera pasar con alguno de nosotros en una situación parecida. Isaac le dice a Abraham "Padre.....tenemos la leña y el fuego, pero ¿dónde está el cordero para el holocausto? (Génesis 22:7). En el lenguaje actual pudiéramos tener a un niño diciendo algo como "papi o papito". ¿Cómo te sentirías teniendo a tu hijo llamándote papi y tú sabiendo lo que vas a hacer con él? ¿Continuarías con tus planes? Bueno, de nuevo, si me dices que sí, te pido un chin de fe prestada. Abraham se sobrepuso a sus emociones y continuó con su plan por obediencia a Dios.

Finalmente, Dios vio su corazón de obedecerlo hasta el final. Como Dios vio su corazón, no permitió que le hiciera daño al muchacho. Para Abraham fue como si Dios le hubiese devuelto a su hijo. Me imagino el respiro profundo de Abraham en ese momento. Hay que resaltar también la obediencia de Isaac. La Biblia no describe la reacción de Isaac, pero podemos deducir que él tuvo que ser muy obediente para dejarse atar y estar a punto de ser sacrificado.

Es muy probable que, como padre, Abraham haya preparado a Isaac de antemano durante sus años de vida para también ser una persona obediente a Dios y muy sumisa. No es por nada que luego también vemos todas las bendiciones que Dios le da a Isaac como si fuera el mismo Abraham. Inclusive, podemos decir que la vida de Isaac fue más fácil que la de su padre por la base que Abraham ya había preparado. Tal y como Dios promete, cuando le somos fieles, Dios derrama bendiciones sobre nuestras generaciones (Éxodo 20:4-6).

> *Tal y como Dios promete, cuando le somos fieles, Dios derrama bendiciones sobre nuestras generaciones.*

Al igual que a Abraham, Dios nos permite pasar por situaciones difíciles hasta llegar al límite para ver si resistimos y perseveramos en nuestra caminata con él hasta el final. Jesús lo hizo. Abraham lo hizo. Esteban lo hizo. Y muchos más lo han hecho. Rut Espinal lo hizo. José Flores lo hizo. Damián Jean-Baptist lo hizo. ¿Lo harás tú? ¿Enfrentarás todos los obstáculos de esta vida y perseverarás? Realmente, éste es el enfoque principal de este libro. Debemos imitar el ejemplo de nuestros antepasados y perseverar en nuestra caminata con Dios.

REFLEXIONES

1. ¿Conoces verdaderamente la historia de fe de Abraham y su impacto?

2. ¿A dónde estarías en disposición de ir si Dios te llama?

3. ¿Qué estarías en disposición de dar si Dios te lo pidiera?

4. ¿En qué punto está tu fe?

VII

José: Un amor Incondicional Por Dios

"….¿Cómo podría yo hacer algo tan malo y pecar contra Dios?".

\- *GÉNESIS 39:9*b.

Yo he oído sobre muchos ejemplos de personas que han enfrentado situaciones difíciles en sus caminatas con Dios. Me identifico con muchos de ellos. Los mismos me ayudan a fortalecer mis convicciones cada vez más para obedecer a Dios y mantenerme fiel. Algunos de esos ejemplos son retantes. Pero viendo el sacrificio de Jesús en la cruz yo confío en que puedo pasar por la misma situación y vencer los obstáculos. Sin embargo, cuando se trata de perseverar ante retos y tentaciones emocionales y el hecho de ver las cosas desde el punto de vista espiritual, creo que el ejemplo de José sobresale por encima de todos los demás.

Una vez oí decir que el papel lo resiste todo y que podemos hacer afirmaciones cuando escribimos, pero que cuando llega la realidad es cuando se ve si en verdad podemos resistir. Yo siempre digo que un buen punto de partida para perseverar en nuestra caminata con Dios es la convicción de Pedro. Él mostró con todo su corazón que nunca abandonaría a Jesús (Mateo 26:33).

El caso de José, su amor a Dios y su firmeza para vencer la tentación sexual es algo que debe motivarnos a todos. Hoy en día las tentaciones y los pecados sexuales son de las causas principales para que muchas personas abandonen a Dios después de haber hecho un compromiso de seguirlo. Luce como que estas tentaciones abundan por todos los lados. Toda la sociedad se encamina a llenarnos la mente de toda esta basura. No digo del sexo, sino de la interpretación equivocada de lo que el sexo significa. Se busca distorsionarlo en nuestras mentes. Esto lo tiene muy presente Satanás. Él sabe que esto es una gran debilidad para muchas personas. Ésta es una de las armas poderosas que él usa para distraer a personas débiles de carácter y arrastrarlas hacia el pecado. Pero los que mantienen su mirada siempre fija en Jesús y en agradar a Dios pueden vencer ésta y cualquier otra tentación.

José es un digno ejemplo de un joven que pudo resistir la tentación sexual.

José es un digno ejemplo de un joven que pudo resistir la tentación sexual. Él estuvo dispuesto a pagar un alto precio, inclusive, más allá de lo imaginado, por mantenerse fiel a su Dios. El simple hecho de poder disfrutar de un placer temporal sin importar las consecuencias inmediatas y futuras es algo que puede conducir a una persona a caer en este tipo de pecado. Y mucho más tentador es hacerlo cuando el evitarlo nos conlleva a un gran sacrificio emocional y de castigo al levantarse una calumnia contra uno.

Hoy en día, a una persona como José posiblemente se le cuestionaría su hombría y se le pudiera tildar de desviado. A José no le importó que lo calumniaran y que lo encarcelaran por mantenerse fiel a sus convicciones. Dios sabía por qué lo había escogido de antemano por encima de todos sus demás hermanos.

A José no le importó que lo calumniaran y que lo encarcelaran por mantenerse fiel a sus convicciones.

José fue escogido por Dios por encima de sus hermanos para una gran misión. Dios lo escogió para salvar a su familia de la muerte por el hambre. Esto, sin embargo, no significó que no tuvo que pasar por situaciones retantes y muy difíciles. Dios supo muy bien qué material escogía para pulirlo. Dios es sabio y no pierde el tiempo tomando un material de baja calidad. Dios no quería que cuando tratara de pulirlo en el fuego fuera a perder su tiempo y el resultado sea una basura.

Posiblemente las demás personas no veían la calidad interna de José. Dios, que no se fija en las apariencias, sino en el corazón, como dicen las Escrituras, sabía lo que tenía entre mano. Posiblemente desde niño, José entendió que Dios tenía grandes planes para él. El entender esto fue posiblemente la base para su confianza, a pesar de los sufrimientos y las contrariedades de la vida.

José mostró un amor incondicional por Dios. José fue el resultado del amor de su padre Jacob por Raquel, por la cual él estuvo dispuesto a trabajar por siete años con su tío Labán. Luego tuvo que trabajar por siete años más al no recibirla en el momento esperado.

José mostró un amor incondicional por Dios.

Además, como en muchos de los casos en que Dios quiere hacer cosas grandes en la vida de una persona, no faltó el dramatismo original en el cual José pudo no haber nacido.

Como Jacob despreciaba a Lea, su primera esposa y hermana de Raquel, Dios la bendijo y mantuvo a Raquel estéril. Esto significaba que si esta condición continuaba, José pudo no haber nacido. Pero Dios es compasivo y siempre bendice a quienes recurren a él de todo corazón (Jeremías 29:11-13). Dios se acordó de Raquel. Él oyó su oración y le permitió tener hijos. Para ella, esto fue como quitarle la vergüenza y todo el sufrimiento que había pasado. De esa bendición es que nace José. Éste es el primer hijo de Raquel y Jacob.

José no toleraba el pecado en su vida. Él tampoco toleraba el pecado en sus hermanos.

Mirando un poco más hacia atrás, Dios promete bendiciones a Abraham. Ellas se van cumpliendo por medio de Isaac. Esa proyección no es difícil de predecir. Ahora bien, ¿con quién hubieses predicho tú que continuarían las bendiciones? ¿No hubieses pensado que con Rubén, su hijo mayor? Una vez en mis tiempos devocionales privados con Dios hice un repaso para ver qué pasó con los demás hijos de Jacob y por qué no recibieron las bendiciones que se pudieran predecir. Comenzando con Rubén, su hijo mayor, éste se metió en líos al acostarse con una de las concubinas de Jacob, su padre. Dejo de tarea para que ustedes mismos hagan sus estudios particulares sobre los demás hijos. Yo continuaré con mi enfoque en José, sus hechos y sus bendiciones.

Aparte de todas las cosas malas que algunos de los hermanos de José cometieron, se puede ver también la maldad en sus corazones y su mala conducta. En Génesis 37:2 vemos cómo José nadó contra la corriente al enfrentar la maldad de sus hermanos y llevarle la queja de sus maldades a su padre. Esto es muy parecido a lo que he descrito sobre Noé en el Capítulo 17, al plantear que nadó también contra la corriente. Hoy en día esto es algo que el mundo no perdonaría a José.

Lo que más abunda hoy en día son personas que encubren la mala conducta de las otras. Algunas personas lo hacen por temor al qué dirán. Otras lo hacen por la falta de convicciones y debilidad de carácter. El encubrir la maldad de otras personas se da, inclusive, en las iglesias. Vemos personas en pecado y no las enfrentamos. Estas personas incluyen a los pastores y dirigentes en todo el sentido de la palabra y en ambas direcciones. Cuando digo en ambas direcciones me refiero a pastores y dirigentes viviendo en pecado y también no enfrentando el pecado visible o no indagando en los corazones de los miembros de sus iglesias.

José no toleraba el pecado en su vida. Él tampoco toleraba el pecado en sus hermanos. Tal y como sucede hoy en día, era obvio que personas enfocadas en la maldad no iban a tolerar a una persona recta. Como dice Proverbios 29:27, "Los hombres honrados no soportan a los malvados, y los malvados no soportan a los honrados". ¿Se parece esto a alguna situación actual?

> *"Los hombres honrados no soportan a los malvados, y los malvados no soportan a los honrados".*
> -*Proverbios 29:27*

El problema también se agravaba con el favoritismo de su padre Jacob. Este favoritismo hizo que sus hermanos lo odiaran más y que ni siquiera lo saludaran (Génesis 37:4). Lo bueno es que Dios permite que situaciones pasen con un propósito. Él nos enseña a la luz de cualquier situación. Con la situación familiar en la casa de José aprendemos grandes lecciones sobre qué no hacer con nuestras hijas y cómo debemos ayudarlas.

Debemos tener presente cómo Dios bendice la rectitud de las personas más allá de lo que podemos imaginar. José fue recto a pesar de vivir con unos hermanos que no lo eran. Desde joven, Dios le reveló en sueños los grandes planes que tenía para él (Génesis 37:5-11). No creo que haya sido que José decidió serle fiel a Dios porque sabía que Dios lo iba a bendecir. Considero que era todo lo contrario. Dios iba a bendecir a José por su rectitud y su amor por él.

Y la paradójica forma de trabajar de Dios comenzó cuando los hermanos de José deciden venderlo como esclavo a los Ismaelitas, los cuales iban rumbo a Egipto. Ni José ni nadie se imaginaba lo que Dios estaba preparando en su vida. Sus hermanos pensaban que le estaban haciendo una maldad. Sin embargo, con su maldad estaban ayudando a que se cumpliera la voluntad de Dios para José y para su pueblo. Realmente Dios hace que sus planes se cumplan por encima de todo y aunque las personas se opongan o no contribuyan en la forma que se espera. Dios puede utilizar hasta las piedras o cosas inanimadas para hacer su trabajo cuando la gente no lo hace (Mateo 3:9).

José fue recto y enfrentó el pecado de sus hermanos. A diferencia de José, sus hermanos se hundían en el pecado. Y siempre que hay pecado, ese mismo pecado conlleva a más pecado. Lo primero que hacen sus hermanos cuando ven a José llegar para saber cómo estaban es hacer planes para matarlo. Finalmente no lo matan. Lo ponen en un pozo seco y luego lo venden a los Ismaelitas. ¿Y cómo iban a justificar esto que hicieron ante su padre?

El pecado, como no se enfrentó y se eliminó con arrepentimiento, hizo lo natural; conllevar a más pecado. Para ocultar lo que hicieron, tuvieron que engañar a su padre enviándole la túnica de José manchada de sangre para que él dedujera que un animal salvaje lo

> *El pecado, como no se enfrentó y se eliminó con arrepentimiento, hizo lo natural; conllevar a más pecado.*

había despedazado y se lo había comido (Génesis 37:33). Y el pecado continuó generando más pecado. Estas personas fueron crueles con su papá al causarle un dolor tan grande y ni siquiera preocuparse por eso.

También podemos ver cómo el no ser recto y actuar en el momento en que debemos actuar para agradar a Dios puede hacer que perdamos la oportunidad de causar un impacto. Tanto Rubén como Judá tuvieron ideas de proteger a José. Pero no fueron radicales ni actuaron. Al no actuar inmediatamente, perdieron la oportunidad. Cuando se dieron cuenta, los demás hermanos ya lo habían vendido a los Ismaelitas.

Posiblemente Dios nos dé oportunidades únicas para actuar y causar un impacto y las rechazamos. Es posible que haya ideas que nos surjan u oportunidades que se nos presenten que sean únicas o exclusivas. Pensemos en varias situaciones bíblicas que no hubiesen causado un impacto eterno si no se hubiesen aprovechado.

Hay oportunidades que Dios nos da y que no debemos despreciar. Es posible que sean únicas y exclusivas para uno.

Pensemos si Abraham no hubiese obedecido a Dios, si hubiese dejado que Isaac se case con una cananea; y aquí mismo, si José hubiese resistido a sus hermanos, los cuales posiblemente lo hubiesen matado; si José se hubiese dejado convencer por la esposa de Potifar; si Jesús hubiese llamado a los doce ejércitos de ángeles; si Pablo hubiese resistido a Jesús y hubiese continuado con sus planes de matar a los cristianos, si yo no hubiese tenido la determinación de ir a Puerto Rico y hacerme discípulo; si tú no te hubieses hecho un cristiano, asumiendo que si estás leyendo este libro es porque ya eres un creyente; si no hubieses aprovechado la oportunidad para invitar a ese amigo o amiga tuya a la iglesia y que hoy ha decidido seguir a Jesús. Bueno, el curso de la humanidad fuera muy distinto. Hay oportunidades que Dios nos da y que no debemos despreciar. Es posible que sean únicas y exclusivas para uno.

Satanás se disfraza de cualquier situación, hombre o mujer para buscar desviarnos y destruirnos.

José fue vendido como esclavo y Dios nunca lo abandonó. Dios no abandona a alguien con un corazón entregado como el de José. Lo que sus hermanos hicieron, algo externo a su corazón, no le causó ningún daño. Al contrario, le hizo bien y fue el comienzo del cumplimiento de las visiones que había tenido. José fue vendido a Potifar, funcionario del faraón y capitán de su guardia (Génesis 37:36). Dios siguió estando con José y bendiciéndolo a él y a su amo egipcio. Esto hizo que se ganara la simpatía de su amo y lo nombrara su ayudante personal y mayordomo de su casa (Génesis 39:1-5).

Pero como sabemos, Satanás nunca deja de hacer su trabajo. Él se puede alejar, pero por un tiempo, como se describe en las tentaciones a Jesús en Lucas 4:13. Satanás se disfraza de cualquier situación, hombre o mujer para buscar desviarnos y destruirnos. Me imagino que Satanás, al ver las convicciones anteriores de José y su fidelidad ante tantas situaciones retantes, pensó que ésta sí iba a ser infalible e iba, de seguro, a hacer caer a José.

Satanás utilizó a la esposa de Potifar para tentar a José al pedirle que se acostara con ella. El aceptar una petición como ésa, desde el punto de vista del mundo, le hubiese evitado a José mucho sufrimiento y, posiblemente, la gente podía pensar que nadie se iba a enterar de eso. Es probable que Satanás pensara que un joven bien parecido y que causaba buena impresión no iba a dejar pasar esta oportunidad de mostrar su orgullo

Para un hombre o una mujer de Dios no existe un precio que pueda comprar sus convicciones.

y poder compartir cuán conquistador era al poder estar con la esposa de su amo, un funcionario del faraón. Sin embargo, mientras los hombres del mundo pueden ver una persona como ella como una gran mujer, un hombre de Dios la ve exactamente como lo que es, una gran basura y una escoria social.

La respuesta de José a la petición de la esposa de Potifar fue contundente y con convicción, como lo hace un gran hombre de Dios. Él le respondió: '—*Mire usted, mi amo ha dejado a mi cargo todo lo que tiene, y estando yo aquí, no tiene de qué preocuparse. En esta casa nadie es más que yo; mi amo no me ha negado nada, sino sólo a usted, pues es su esposa; así que, ¿cómo podría yo hacer algo tan malo, y pecar contra Dios?*" (Génesis 39:8-9). Y actuando como el mismo Satanás, la mujer no dejaba de insistir todos los días. Posiblemente Satanás pensaba que a la tercera o la cuarta o la quinta sería la vencida. Pero para un hombre o una mujer de Dios no existe un precio que pueda comprar sus convicciones. El único enfoque de un hombre o una mujer de Dios debe ser perseverar hasta el final y estar dispuesto a dar su vida si es necesario para mantenerse firme.

Las convicciones de José hicieron que esta mujer lo calumniara. Aunque la Biblia no lo dice, posiblemente José, por sus convicciones, no se defendió de las acusaciones, al igual que Jesús. Posiblemente él se daba cuenta que el defenderse no lo iba a ayudar en nada. Era su palabra contra la palabra de la esposa de un funcionario poseída por el mismo demonio. ¿A quién crees que el esposo le iba a creer, a José, un esclavo hebreo? Imposible. Obviamente, Potifar le creyó a su esposa. Posiblemente, Potifar ni siquiera se tomó un momento para preguntarle a José y tener una segunda opinión al respecto. Esto enojó al amo de José y ordenó que lo metieran en la cárcel, donde estaban los pesos del rey (Génesis 39:19-20).

Dios no abandona nunca a alguien de convicciones profundas para él.

Bajo situaciones normales, esto pudo ser el final de José. Sin embargo, Dios no lo abandonaba. Dios no abandona nunca a alguien de convicciones profundas para él. Dios siguió bendiciendo a José en la cárcel más allá de lo imaginado y fortaleciendo las bases para todo lo que hoy sabemos sobre José, su familia y su descendencia.

Por las bendiciones de Dios, José se ganó la simpatía del jefe de la cárcel. Éste lo puso como jefe de los demás presos (Génesis 39:22). Estando en la cárcel, Dios también le dio sabiduría a José para interpretar sueños. Esta sabiduría, aunque las personas fueron malagradecidas con él, le sirvió para salir más tarde a interpretar el sueño del faraón.

También se ve la humildad de José al no tomar el crédito por lo que hacía. Él entendía que el crédito era de Dios, quien le daba la sabiduría para interpretar los sueños. Más aun, Dios mismo era el que le daba las interpretaciones (Génesis 40:8). La interpretación de este sueño fue, finalmente, el trampolín para que José se convirtiera en el segundo hombre de importancia en Egipto, después del faraón. Eso también sentó las bases para salvar a su familia, el pueblo escogido por Dios (Génesis 41). Fue esto también el inicio para que se cumpliera lo que

José fue también paciente aceptando la voluntad de Dios.

Dios le dijo a Abraham de que su descendencia viviría y sufriría en un lugar extranjero por cuatrocientos años, pero que luego sería libre.

José fue también paciente aceptando la voluntad de Dios. José pidió al copero del rey, cuya interpretación del sueño era que lo iban a instaurar de nuevo en su función, y de hecho así fue, que se acordara de él y le hablara al rey para que lo sacara de la cárcel. Sin embargo, el copero no volvió a acordarse de José (Génesis 40:23).

José siguió cumpliendo con sus responsabilidades en la cárcel y esperando pacientemente a que se hiciera la voluntad de Dios. José pudo muy bien amargarse la vida pensando que todo esto le estaba pasando por la maldad de sus hermanos y por la calumnia de la esposa de Potifar. También José pudo haber pensado que

Su rectitud y su amor incondicional por Dios no dejaban de producir bendiciones.

todo le estaba pasando por él ser recto y por denunciar las maldades de sus hermanos.

A ese punto él hubiese podido cambiar de opinión y decidir actuar de una forma diferente. Él pudo pensar que el ser recto no valía la pena, sino que, al contrario, le causaba sufrimiento. Pero no. Él decidió continuar siendo recto y siempre agradar a su Dios. Su rectitud y su amor incondicional por Dios no dejaban de producir bendiciones.

Aunque José en sí no buscaba honores, Dios buscaba la forma de exaltarlo por su rectitud y su amor. Dios ponía situaciones para que José fuera utilizado para servir con los dones que él le daba. El sueño del faraón fue una oportunidad que Dios proveyó para que José fuera útil, pueda

El honrar a Dios siempre tiene su recompensa.

salir de la cárcel y sea exaltado y nombrado Gobernador de Egipto. Y todo esto con el propósito de servir a su pueblo.

Ante el faraón, José no busca tomar el crédito por su sabiduría; él le da el honor a Dios. El honrar a Dios siempre tiene su recompensa. Al contrario, el tomar el honor para uno tiene sus consecuencias negativas. El tomar el honor para sí, cuando Dios le ordenó a Moisés que le dijera a la roca que permitiera que de ella brotara agua, fue la causa de qué Moisés no entrara a la tierra prometida (Números 20:12). José interpretó los sueños del faraón actuando con humildad y con sabiduría al mismo tiempo. Él se dejó usar por Dios. José le dio consejos al rey para que protegiera a su pueblo de la escasez de alimentos que vendría por siete años luego de siete años de abundancia. El rey confió y eso fue la salvación para el pueblo de Egipto y para el pueblo de Dios, la familia de José, también.

Por su sabiduría espiritual, su amor a Dios, su humildad y su amor por su gente, José fue nombrado Gobernador de Egipto. Dios le dio a José honores mucho más allá de lo que él se imaginaba, cuando lo que parecía era que lo estaba castigando con todas las situaciones por las que estaba pasando. Todo esto muestra que Dios nos permite pasar por diferentes situaciones para moldearnos y prepararnos para recibir y manejar las bendiciones.

Dios nos permite pasar por diferentes situaciones para moldearnos y prepararnos para recibir y manejar las bendiciones.

Hoy en día muchas personas, incluyendo los cristianos, buscamos los honores tratando de dejar a Dios a un lado y confiando más en nuestros propios talentos. Ese enfoque solo trae sufrimiento y dolor. La búsqueda de honores y riquezas hace que nuestras vidas se llenen de tormentos. A veces queremos servir en la iglesia sin tener el enfoque correcto. Queremos hacerlo supuestamente por servir a nuestro Dios y a la iglesia. Pero la verdadera intención es que lo hacemos para alimentar nuestro orgullo. Queremos que vean que estamos siendo utilizados para servir y para tratar de lucir que tenemos más talentos que otros. Hasta tanto nuestros corazones no sean moldeados para tener el enfoque correcto, Dios no nos usará como debe usarnos.

Hasta tanto nuestros corazones no sean moldeados para tener el enfoque correcto, Dios no nos usará como debe usarnos.

El que José haya sido nombrado por el rey como Gobernador de Egipto es algo impredecible para cualquier mente humana. Lo más predecible era que José sea castigado duramente y podía, inclusive, morir en la cárcel o salir a continuar siendo un esclavo más. Pero Dios nunca abandona a quien le es fiel por más tenebrosa que parezca la situación por la que se está pasando. Eso es algo que debe aumentar nuestra fe y fortalecer nuestras convicciones.

José fue la salvación para el pueblo egipcio y para su familia. Él fue un gran administrador y se enfocó en servir y no en servirse o ser servido. Su excelencia en hacer su trabajo hijo que se cumpliera la escritura de Proverbios 22:29 que dice que *"El que hace bien su trabajo, estará al servicio de reyes y no de gente insignificante"*. Las convicciones de José para su Dios, su corazón, su sacrificio y su entrega nos enseñan grandes lecciones para perseverar en nuestra caminata con Dios a pesar de las adversidades.

Yo me pongo a meditar sobre las situaciones adversas tan insignificantes por las que yo he tenido que pasar y cómo me he dejado dominar por las mismas. Me reta cuando me comparo con todo lo que José tuvo que pasar y cómo mantuvo su corazón siempre puro. Muchas veces me dejo dominar por mis emociones y quiero tomar venganza en situaciones insignificantes.

> *Debemos aprovechar cada situación difícil que se nos presente para prepararnos para el futuro.*

Una de las situaciones que más me descontrolan es manejar en la República Dominicana, principalmente cuando manejo con los choferes del transporte público. Como cristiano, más que otras tentaciones fuertes que me suceden, ésta es una de las situaciones que más me pone al borde de la tentación y el pecado, al dejarme controlar por las emociones. Si comparo esto con todo lo que José pasó, es verdaderamente insignificante.

Veamos ahora la reacción de José cuando se encuentra con sus hermanos que van a Egipto en busca de alimentos. ¿Cómo tú hubieses reaccionado ante personas que te maltrataron, te odiaron, te vendieron como esclavo e hicieron sufrir a tu padre mintiéndole? De nuevo, y lo repito varias veces, si me dices que hubieses imitado la acción de José, te pido un poco de fe y buena actitud prestada. Necesitamos cerciorarnos que mantenemos una buena actitud ante situaciones prácticamente insignificantes que nos suceden para poder lidiar con situaciones más grandes como éstas por las que pasó José (Cantares 2:15-17).

En nuestra caminata con Dios no estamos exentos de llegar a esos extremos. En cualquier momento se nos puede presentar una situación similar. Si no estamos preparados para lidiar con ellas, tiramos por el suelo todo el sacrificio que hemos hecho para perseverar en nuestra caminata con Dios. Debemos ver estas situaciones y aprender las lecciones. Debemos aprovechar cada situación difícil que se nos presente para prepararnos para el futuro.

La reacción de José ante sus hermanos demostró que su confianza estaba puesta en Dios. Él no albergaba ningún odio en su corazón por lo que sus hermanos habían hecho con él. José entendió claramente el plan que Dios tenía con él y por qué le permitió pasar por todo ese sufrimiento "injusto". ¿Entiendes tú lo que Dios te está enseñando hoy en día a través de las situaciones por las que te permite pasar?

Y yo me digo a mí mismo, qué bueno es poder escribir sobre esto, y qué difícil resulta muchas veces el ponerlo en práctica cuando se nos presentan las situaciones retantes. Pero por lo menos puedo decir que he vencido todos los obstáculos que se me han presentado en mi caminata con Dios. Estoy dispuesto a enfrentar con valentía y fe todos los que vengan sin importar la magnitud y el calibre. Mi expectativa es que todo esto que estoy escribiendo también me ayude a fortalecerme cada día más para perseverar en mi caminata con Dios y poder continuar siendo un testimonio vivo de lo que escribo. Dios todavía necesita de muchas personas que demos testimonio de su poder y todas las bendiciones que reciben los que le son fieles.

Un corazón como el de José realmente conmueve a Dios. Hagamos lo mismo para su gloria y honra.

A veces creemos que las situaciones particulares por las que estamos pasando son las más difíciles por las que una persona puede pasar. Pensamos que la carga de otras personas es más ligera que la nuestra. Pero cada uno de nosotros tiene sus propios retos con los cuales tiene que lidiar. Debemos lidiar con ellos de una forma espiritual que agrade a Dios y perseverar en nuestra caminata con él para al final recibir nuestra recompensa. Un corazón como el de José realmente conmueve a Dios. Hagamos lo mismo para su gloria y honra. No esperemos recompensa alguna y veremos todas las bendiciones que nos lloverán perseverando en nuestra caminata con Dios.

REFLEXIONES

1. ¿Cuál sería tu actitud hacia alguien de quien tú esperas que te proteja y lo que hace es herirte más allá de lo que se pudiera herir a un enemigo, descargando todo su odio y envidia?

2. ¿Cómo reaccionarías si siendo fiel a Dios lo único que ves en el camino es sufrimiento y calumnia contra ti?

3. ¿Por qué crees que José se mantuvo fiel a pesar de todas las adversidades?

4. Si estuvieras en la situación de José en la casa de Potifar y recibieras esa tentación, ¿qué harías?

VIII

Isaac: Que no se olvide tu obediencia

"…. luego ató a su hijo Isaac y lo puso en el altar, sobre la leña"

- *GÉNESIS 22:*9b.

Cuando se buscan ejemplos a seguir en la Biblia, normalmente Abraham resulta ser una pantalla que nos bloquea para que lleguemos hasta Isaac. No consideramos muchas veces que Isaac es el perfecto complemento a Abraham. Él es un héroe olvidado. Su obediencia es digna de imitar. Sin restarle todo su mérito a Abraham, también debemos considerar el heroísmo de Isaac por medio de su obediencia.

Cuando escribí sobre Abraham y su fe, lo hice luego de meditarlo bien y después de haber pensado que no era necesario escribir por todo lo que se ha escrito sobre él. Pensé que era llover sobre mojado, pero luego pude encontrar en qué enfocarme. Con respecto a Isaac, estoy escribiendo porque entiendo que no se ha escrito mucho sobre él y no es un personaje en el que muchas personas se inspiren. Pero su obediencia es algo digno de imitar. Por su obediencia, él fue también un gran eslabón en la historia bíblica y un gran fundamento para la historia del pueblo de Dios.

Dios pidió a Abraham que sacrificara a su hijo Isaac. Eso fue un gran reto para Abraham. ¿Cuántas veces tuvieras tú que pensarlo para tomar la decisión de sacrificar a tu hijo porque, digamos, "supuestamente Dios te lo está pidiendo"? Dios supo a quien tomó para esta misión. Él tomó a Abraham. Gracias a él que no me tomó a mí. Yo espero no tener que pasar por una situación de esta naturaleza en mi vida antes de que Dios me lleve a morar con él. Sería algo súper retante.

Debemos considerar que para mostrarnos grandes ejemplos Dios escoge personas para que han estado al borde de no nacer o al borde de la muerte. Luego Dios hace milagros y usa esas personas de forma poderosa. Isaac es uno de esos grandes milagros de la Biblia. Isaac nació cuando su papá y su mamá posiblemente habían perdido todas las esperanzas de ser padres. En ese tiempo, Abraham ya tenía 100 años de edad (Génesis 18 y 21). Comparemos también con el nacimiento de Jesús por obra del Espíritu Santo y su posibilidad de ser asesinado por el rey Herodes cuando ordenó matar a todos los niños menores de dos años.

Isaac es uno de esos grandes milagros de la Biblia.

Veamos la actitud de obediencia de Isaac en dos contextos. El primero es este en el que estaba a punto de ser sacrificado. El segundo es cuando su padre le pide con quién se case.

Isaac es fruto de una bendición de Dios a sus padres. Me imagino que sus padres no se quedaron con una bendición de tal naturaleza sin contarla a su hijo. Y considerando que lo hicieron, es muy probable que Isaac haya abrazado el mismo sueño sobre su futuro que tenían sus padres y el mismo Dios. Por lo tanto, aunque no sabemos en sí en qué momento Abraham le hizo saber a Isaac que iba a ser sacrificado, es de esperar que cuando se le informó él, al igual que Abraham, pudieran tener los mismos sentimientos. Ambos pudieron pensar en que los sueños se tronchaban o que Dios iba a cumplir su promesa de que Abraham iba a ser padre de naciones de otra forma.

Bueno, podemos especular muchas cosas. Pero la cuestión es que a un punto Isaac se enteró que iba a ser sacrificado. No creo que con la rectitud de Abraham, él le iba a salir a Isaac con un cuento barato cuando lo ató y lo puso encima del altar. En ninguna parte de la Biblia se registra una reacción de resistencia o de desobediencia de Isaac. Él aceptó el plan de Dios. Él se unió a los planes que Dios tenía para sus padres y para él. Y la obediencia le ayudó a cosechar sus frutos en el futuro viendo todo lo que Dios hizo con sus generaciones. A través de él se cumplieron las bendiciones de Dios a Abraham. Podemos decir que él cosechó casi exactamente los mismos frutos que su padre.

La otra situación de obediencia de Isaac y de la cual aprendemos una gran lección es cuando Abraham le pide que no se case con una mujer extranjera de la tierra en donde están viviendo en Canaán, sino que se case con alguien de su familia, de su mismo linaje (Génesis 24). Abraham envía a uno de sus criados en busca de una posible esposa de su familia e Isaac humildemente obedece. Este acto de obediencia complementa sus bendiciones y su futuro.

Confiar en Dios y recibiremos regalos más allá de lo que nos imaginamos

En mi caso particular, moldeando mi corazón y aprendiendo en la iglesia, viniendo de tener un corazón inclinado a hacer lo que mis emociones me indicaban y no obedeciendo a menos que emocionalmente me sintiera bien, yo decía luego que estaba bien, que podía aceptar consejos y llevarme de ellos sin que emocionalmente lo sintiera, pero que cuando se trataba de asuntos sentimentales en relaciones para crear una familia y comprometer mi futuro, jamás iba a ceder a algo que fuera en contra de mis emociones.

¿Saben qué? Cuando llegó la hora cero, mi corazón estaba listo para aceptar un buen consejo aunque emocionalmente yo no lo viera. En ese momento, mi reacción fue en pensar que no era posible que yo tuviera razón y que todos los demás que consideraban que Guarina era la mujer indicada para mí estuvieran equivocados. Yo realmente confié en Dios y recibí un regalo más allá del que me hubiese imaginado. En mi mente yo tenía todas las características físicas y personales de la persona que quería. Algunas características espirituales, pero la mayoría de ellas eran meramente caprichos míos y deseos mundanos. Unos de esos aspectos era el enfoque deportivo. Sin embargo, Guarina no tenía nada de eso. Yo soñaba con alguien que con frecuencia estuviéramos en una cancha de tenis o en una sala de tenis de mesa, o en un salón de ajedrez, o en un salón de judo, o en algún estadio de béisbol, etc. Pero no. Ella no tenía esas habilidades. Sin embargo, sus dotes espirituales sobrepasan con creces todas mis expectativas. Tengo una dama de acero que me reta a mantener mis convicciones espirituales. Aunque no siempre sus consejos se sienten bien, siempre busca que me mantenga firme y eso es lo que al fin importa hasta llegar al cielo. Les cuento también que, sin esperarlo, encontramos un deporte para jugar juntos casi al mismo nivel: el scrabble. Eso nos ha dado grandes satisfacciones y fuertes enfrentamientos competitivos a veces. También he disfrutado de sus compañías a un campo de golf, un deporte que no estaba en mi lista cuando nos casamos. Dios es fiel y nos da mucho más de lo que esperamos cuando le somos obedientes.

Sin confianza en Dios un desvío de nuestros planes puede ser desastroso.

Cada uno de nosotros tiene sus planes definidos como persona. Se preparan planes individuales que queremos lograr a como dé lugar. A veces consideramos que esos planes son los mejores y no queremos que se varían por nada. Sin confianza en Dios un desvío de nuestros planes puede ser desastroso. Con confianza en Dios si los mismos se desvían, sabemos que sus planes son mucho mejores.

Yo particularmente tenía mis planes académicos y profesionales más o menos definidos desde el año 1982 en que me mudé de mi campo para estudiar en un instituto técnico en Santiago de los Caballeros, en donde Dios me ha traído de vuelta mientras escribo esto. Mi plan era graduarme de la escuela secundaria, ir a la universidad, buscar conseguir una beca para estudiar en los Estados Unidos, regresar a la República Dominicana, posiblemente casarme, y luego regresar a los Estados Unidos para obtener un doctorado. Como he escrito en otros libros, esos planes lucían muy bonitos y definidos. Pero Dios se interpuso para bien y los modificó.

Todo marchó como planeado hasta regresar de mi maestría en los Estados Unidos. Creía que el siguiente paso de casarme se iba a dar. Estamos planeando para casarme. Dios cambió los planes para bien. Cambió mi enfoque académico y de casarme por planes espirituales para que yo me hiciera un discípulo de Jesús. Justamente, la misma persona con la que pensaba que me casaría fue el instrumento para que yo llegara a la iglesia y me hiciera discípulo en Puerto Rico. De ahí en adelante, todo es historia.

Definitivamente que Dios cambio todo y me ha dado mucho más de lo que yo esperaba. Además de permitirme conocerlo, él me ha dado excelencia profesional más allá de lo que yo me imaginaba y una satisfacción que sobrepasa todos los límites con lo que hago para satisfacción mía, de mi familia y para ayudar a muchas otras personas a venir a los pies de Cristo, incluyendo todas las personas a las que llego con mis escritos espirituales y de negocios. Esto es de mucho más valor que lo que yo hubiese logrado con mis planes particulares.

Dios bendijo a Isaac y nos sigue bendiciendo a nosotros por su ejemplo y su obediencia. Dios bendecirá tu obediencia más allá de lo que te imaginas. Obedécele y cosecharás los frutos en el presente y en el futuro. Y al final, él te dará la vida eterna.

REFLEXIONES

1. ¿Cómo tú reaccionarías si tu padre te dice que te sacrificaría por instrucción de Dios?

2. ¿Cómo cristiano, cuál es tu mayor reto obedeciendo?

3. ¿Qué has cosechado por tu obediencia que puedas compartir con los demás y que todavía no hayas compartido? No esperes más y compártelo. Ello puede tener un impacto más allá de lo esperado.

4. ¿Qué has tenido que sacrificar por obediencia a Dios?

IX

Jonatán: Una gran lección de amor, amistad y sacrificio personal para la humanidad

"y el que entre ustedes quiera ser el primero, deberá ser su esclavo".

- *MATEO 20:27*

En los buenos ejemplos que vemos en la Biblia, es muy probable que David le lleve millas a Jonatán por todo lo que hizo. Es posible que la tendencia sea a hablar sobre David y cómo su ejemplo ha causado un impacto hasta el día de hoy como un hombre con el corazón conforme al de Dios. Eso es cierto. ¿Pero dónde dejamos a Jonatán? Jonatán es un digno ejemplo de amor y sacrificio personal a favor de David que necesitamos imitar hoy en día dentro y fuera del ambiente religioso.

Esto lo vemos en 1 Samuel 18. Es un ejemplo a imitar también en el ambiente laboral, en donde el enfoque generalizado es a luchar campalmente para buscar sobresalir por encima de los demás sin importar lo que eso conlleve. Jonatán fue todo lo contrario y muchas veces es olvidado. Jonatán se resalta mayormente cuando se habla de establecer buenas amistades (1 Samuel 18:1). Sin embargo, este enfoque que describo aquí sobre amor y sacrificio no le he visto en ningún otro escrito ni prédica. Lo he sugerido a algunos predicadores.

El ejemplo de Jonatán sobre su sacrificio y amor por David para ayudarlo a subir a la posición que posiblemente le correspondía a él después de su padre en vez de ponerse celoso por la posibilidad de que algún extraño tome su lugar es digno de imitar. Es algo que cada persona hoy en día debe considerar en vez de estar luchando con uñas y dientes por cerrarle el camino a los demás que quieren avanzar.

Una vez leí algo que decía: "¿Quieres que tu mejor amigo se convierta en tu peor enemigo? Supéralo. Esto es algo que realmente ocurre. A veces las relaciones se mantienen en el mundo si se conservan las relaciones de poder de uno y otro, pero cuando las cosas se invierten, la relación no siempre se sostiene.

Lo que sucede en el mundo es algo que, si nos descuidamos, lo llevamos también al ambiente religioso. Parece que la lucha por escalar de forma mundana es algo que lo llevamos intrínseco en nuestro ADN. Es el pecado mismo. Gracias a Dios que buenas enseñanzas bíblicas nos ayudan a entender que para ser los primeros en el reino sirviendo a Dios, debemos buscar ser los últimos (Marcos 9:35). Y con esta actitud se construye un gran ambiente en la iglesia. Con la actitud diferente, la iglesia se destruye desde dentro.

Yo recuerdo una prédica de Damián Jean-Baptist cuando llegamos con el equipo misionero a la República Dominicana en el año 1994 con ángel Martínez como nuestro líder en el equipo misionero. Una advertencia que Damián nos hizo fue que tengamos mucho cuidado de enfocarnos en querer ocupar la posición de Ángel. Nos advirtió que nuestro enfoque debía ser en ser sus ayudantes. Algo similar sucedió conmigo antes de salir de Puerto Rico para juntarme con el equipo en la República Dominicana. En mis entrenamientos para prepararme para regresar como misionero con sólo seis meses de bautizado y con un riesgo grandísimo de tener problemas de adaptación, Robert Carrillo, evangelista en la Iglesia de Cristo de Puerto Rico, me advirtió que mi enfoque era en servir a los demás; en aprovechar mis conocimientos de la República Dominicana para ayudar a los demás miembros del equipo. ¿Y saben qué? Eso fue justamente lo que hice. Je je je. Mentira. Yo di mucha agua a beber, como decimos en la República Dominicana. Mis convicciones cuando me hice un discípulo en Puerto Rico fueron muy fuertes. Sin embargo, yo creía que todas las iglesias a nivel mundial debía hacer todo exactamente de la misma forma. Cuando yo veía que las cosas no se hacían en la República Dominicana como yo veía que se hacían en Puerto Rico, yo luchaba bastante y lo exponía a los demás diciendo que las cosas no se estaban haciendo como se hacen en Puerto Rico. Eso era una gran carga para Ángel y todos los demás.

Otra situación que me llevó a enfrentamientos fue el tratar de poner en práctica una de las enseñanzas del anciano Joe Rodríguez, de la iglesia en los Ángeles para líderes de la iglesia en Puerto Rico. Él nos enseñaba que cómo líderes nosotros debíamos estar al tanto de cada uno de los detalles de las cosas que sucedían en la iglesia. Que no podíamos alegar ignorancia sobre lo que sucedía en la iglesia. Debíamos estar al tanto de cómo iba el crecimiento, cómo iba la contribución y otros muchos detalles. Como buen aprendiz, cuando yo regreso a Dominicana, normalmente le *Jonatán muestra su gran confianza en Dios.* preguntaba a la persona encargaba de manejar la contribución sobre cómo iba la misma. Esto era una carga pesada para ella. Ella creía que yo lo hacía por sospecha de mal manejo. Pero no. Yo lo hacía tratando de mantenerme al tanto. En eso Ángel Martínez me preguntó y entendió lo que yo hacía y me pidió que en vez de preguntarle a ella, le preguntara a él directamente. Gracias a Dios aprendí mucho y todavía sigo aprendiendo.

En un mundo en el cual, desde la antigüedad, la mayoría de las personas buscan proteger su imagen y escalar a altas posiciones a como dé lugar, Jonatán nos deja un gran legado. Jonatán muestra su corazón para servir y ayudar a David y también su gran confianza en Dios. En 1 Samuel 16 se muestra cuando David es consagrado rey de Israel. Jonatán, en vez de unirse a la lucha de su padre Saúl para destruir a David, entiende el plan de Dios y, en contra de la voluntad de su padre, lo protege (1 Samuel 20).

Hay varias situaciones en donde se muestra la situación que se vive en el mundo. Recuerdo de la situación de la película El Gladiador con Russell Crowe (Máximo); "The Crown", la serie de

Netflix; y situaciones vividas por mí en ambientes laborales. Estas situaciones son patéticas de la lucha de poder, usando asimismo el poder y las marrullerías para para tratar de escalar posiciones o defender un status muchas veces a expensas del sacrificio de otro. Es todo lo contario de lo que aprendemos del ejemplo de la vida de Jonatán.

En el primer caso con la película el Gladiador, se ve el celo de Cómodo, hijo del rey, en donde, inclusive llega a asesinar a su padre para heredar la corona y evitar su paso a Máximo, como su padre lo deseó. Luego Cómodo busca hacer la vida imposible a Máximo. Esa lucha de poder al fin y al cabo tiene sus consecuencias adversas para quien lo busca en vez de humildemente someterse a la voluntad de Dios. Al final, aunque muere en un combate en el coliseo luego de ser herido a traición, él recibe todos los honores.

En el caso de "The Crown", los reyes, especialmente la Reina Isabel II, están luchando por mantener la monarquía a como dé lugar. Esa lucha, sin considerar lo que Dios pudiera pensar de lo mismo, produce sus resultados adversos para su familia aunque se proteja la monarquía y se pudiera pagar un precio mayor al final. Es la protección de la imagen interna de la familia real sin importar las consecuencias. Otro ejemplo muy diferente al que nos ofrece Jonatán. Sobre esta situación de la familia real podemos seguir el curso de la historia y veremos los resultados. Me imagino que serán muy diferentes a los que vemos cuando una persona se humilla y luego es exaltada por Dios.

En tercer lugar, me quiero referir a situaciones vividas. A pesar de todos mis errores y todas mis debilidades como persona y cómo discípulo de Jesús, entiendo que no he llegado al punto de hacer cosas por escalar por mis propios medios a expensa del sacrificio de otro. Claro que como pecador al fin no me dejan de fluir los pensamientos mundanos creyendo que soy mejor que otros y que puedo hacer cosas mejor que como lo hace alguien que Dios ha dispuesto poner por encima de mí en cuanto a liderazgo. Pero el apego a las escrituras me hace poner los pies sobre la tierra y, tanto en mis asuntos profesionales como en la iglesia, me recuerdo de la escritura que dice que todas las autoridades son puestas por Dios (Romanos 13:1). Eso me da alivio y me ayuda a enfocarme en hacer el trabajo que dios me permite hacer y buscar florecer donde Dios me pone aunque sea en el lugar más inhóspito. Y estando contento donde Dios me ha puesto he cosechado grandes frutos. Obviamente, pudiera seguir cosechando muchas más fortaleciéndome en mi relación con Dios, siendo más humilde y sirviendo más a los que me dirigen aunque a veces no entienda el porqué de muchas actuaciones. Es cuestión de confiar.

Recuerdo mi actitud cuando me hice un discípulo y que veía a otros haciendo cosas en la iglesia. Yo también quería hacerlo por varias razones. Una de ellas era mi actitud de siempre de no temer a hacer cosas en público y estar dispuesto a hacer lo que sea sin vergüenza y sin temor pensando siempre pensando que estoy en capacidad para hacerlo. Un ejemplo es el participar y dar los estudios bíblicos de principios básicos. Mientras otros sienten temor de hacerlo tan pronto se hacer discípulos, yo, por el contrario, siempre pensaba que ya estaba en capacidad de hacerlo aunque cuando lo hacía la otra persona no entendiera nada porque no lo hacía de la forma adecuada. Algo similar me sucedió cuando formaba parte de la coral de mi universidad en mis estudios de ingeniería. Casi inmediatamente a mi ingreso teníamos un concierto y, aunque yo no estaba *Todas las autoridades son puestas por Dios.* *-Romanos 13:1* del todo listo con las partituras de las canciones, yo estaba dispuesto a cantar. Eso le impactó al director. Lo que el normalmente veía era lo contrario, personas con temor a subir a un escenario.

En cuanto a hacer cosas en la iglesia, al ser muy pocas personas en la iglesia de Puerto Rico, desde el principio tuve responsabilidad como ujier ayudando a dirigir las personas a sus asientos, especialmente a las invitadas. Pero yo quería hacer otras cosas que hacían los demás en cuanto a los mensajes. ¿Por qué? Al principio en parte era porque me vieran. No fue hasta tanto que me corazón cambió de actitud que Dios me comenzó a usar a un nivel mucho más allá de lo esperado. Tanto así que, como decimos aquí en Dominicana, tuve que "pedir cacao", es decir, tuve que pedir que me liberaran de algunas de las actividades porque sentía que era mucha carga para mí.

Algo que dios puso en mi corazón una vez y lo logré fue el orar por ayudar a por lo menos a una persona a hacerse cristiano y que luego esa persona me ayudara espiritualmente. Lo logré con más de una persona. Fue retante, al pasarme pensamientos de que posiblemente yo no estaba creciendo espiritualmente lo suficiente, pero la experiencia fue muy gratificante en cuanto a mi humildad. Entendí que Dios estaba respondiendo a mis oraciones. Lo oré porque entendía que para el crecimiento de la iglesia necesitamos personas que puedan crecer más que los que estamos. Es bueno que los que estamos crezcamos, pero si los que vienen crecen más, eso beneficia al reino y glorifica a Dios sin que sea porque uno se quede rezagado. Esas relaciones de ayuda espiritual me ayudaron a construir muy buenas amistades. Y eso es mostrar que nuestro enfoque no es en glorificarnos a nosotros mismos, sino en glorificar a Dios.

Con relación al ambiente laboral, el enfoque para escribir sobre Jonatán y su actitud es también por todo lo que he vivido en diversos ambientes laborales. Siento que he hecho mis contribuciones y he cosechado los frutos de poder ayudar a personas por debajo de mí a escalar y luego esas personas, incluyendo mis estudiantes, han llegado en cuanto a experiencia y resultados profesionales a estar por encima de mí. Y la actitud que esas personas, aunque estén a un nivel más alto tienen hacia mí es como si yo estuviera muy por encima de ellas. Por lo menos, eso es lo que siento por la buena relación que cultivamos y el trato que me dispensan.

> *El mucho trabajar y el éxito provocan la envidia de unos contra otros.*
> *-Eclesiastés 4:4*

Por otro lado, también he sufrido al ver lo que normalmente se hace en este mundo. La Biblia no se equivoca cuando dice que el mucho trabajar y el éxito provocan la envidia de unos contra otros (Eclesiastés 4:4). Esto es opuesto al ejemplo de Jonatán. De nuevo, sin quererme presentar como alguien perfecto, Dios me ha dado la capacidad con mi entrenamiento académico y ahora con mi experiencia acumulada de poder hacer buenas contribuciones en los ambientes laborarles en los que él me ha permitido estar. Sin embargo, por cierta ingenuidad, especialmente al principio, yo esperaba que esto iba a ser motivo para que los demás a mi alrededor lo apreciaran y valoraran también lo que podría hacer por otros. Para mi sorpresa, y posiblemente esto no debió sorprenderme, en muchos casos fue lo contrario. Mi éxito, y a veces mi aprecio por mis superiores, despertaba la envidia de los demás. En ciertas ocasiones yo pensaba que todo marchaba bien a mi alrededor con mis compañeros hasta que la bomba explotaba. Nunca lo oí, pero a veces he pensado que el yo mantenerme aislado para evitar los chismes que se suscitaban en ciertos ambientes e subalternos hacia los superiores, podía dar a entender que yo pudiera estar siento un chismoso de mis compañeros hacia el jefe. Pero hasta un jefe cuando yo no apoyaba sus mentiras descaradas, mientras los demás compañeros sí lo hacían, podía llegar a pensar que yo podía estar siendo un chivato con sus superiores. La actitud mostrada de una persona en particular hacia mí, me dio a entender eso. Pero esa misma persona fue la que un día me llamó a su oficina para pedirme que por favor orara por él. Aunque yo no me alineara con su forma de pensar y de hacer cosas no éticas, él sí entendía que yo me estaba sometiendo a Dios y que hacía las cosas para su gloria y no para complacer a los hombres.

Al final Jonatán murió en batalla conjuntamente con Saúl, su padre. Él sufrió las consecuencias, pero nos deja un gran legado. Su apoyo a David fue incondicional y eso mostró su fe en Dios. La Biblia no dice qué pasó finalmente con él. Mi esperanza es que por sus convicciones también haya sido una persona fiel a Dios en todo. Por su parte, David fue también fiel a su promesa como amigo y sufrió por su muerte. David no se olvidó de proteger a su familia cuando lo mostró con Mefi-bóset (2 Samuel 9), hijo de Jonatán al llamarlo a su palacio, devolverle todo lo que era de su familia y sentarlo a comer para siempre en la mesa del rey.

El ejemplo de Jonatán es encomiable. ¡Cuánto necesitamos a alguien como él hoy en día en nuestra sociedad! ¡Cuánta armonía pudiéramos tener!. Dios nos ha llamado a poner en práctica las escrituras y a ser multiplicadores de los buenos ejemplos. Mantengamos nuestras buenas convicciones espirituales y seamos multiplicadores de estos buenos ejemplos.

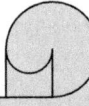

REFLEXIONES

5. ¿Qué actitud tomaría hacia alguien que te haga la vida imposible en tu ambiente por tú mantener tus convicciones de rectitud hacia Dios?

6. ¿Qué harías si hubiese estado en la misma situación que Jonatán?

7. ¿Qué consideras que hizo que Jonatan tuviera tal actitud en favor de David nadando en contra de la corriente de ese tiempo y de la historia?

8. ¿Qué actitud tú vas a tener?

X

La viuda pobre: Una fe práctica

"El que mira a otros con bondad, será bendecido por compartir su pan con los pobres".

- *PROVERBIOS 22:9*

La viuda pobre es uno de los mejores ejemplos de dar a Dios con sacrificio. Es tanto esto que si nos descuidamos, cada persona seleccionada para hacer un mensaje de contribución para los desposeídos pudiera seleccionar la misma escritura sobre esta viuda. Esto lo vi pasar estando yo como maestro de clase de niños preadolescentes en que cada semana alguien iba a dicha clase a dar un mensaje de contribución para que ellos fueron aprendiendo a dar la misma. Cada semana cuando alguien iba a dar su mensaje Guillermo Green, otro hermano que estaba en la clase, y yo nos mirábamos y nos reíamos. Me imagino que los niños se preguntaban si no existía otra escritura o tal vez pensaban que era costumbre repetir la misma en la iglesia.

Este es un gran ejemplo de sacrificio y entrega, pero lo que mucho no ven cuando damos a los necesitados, es que ese hecho es un gran ejemplo de fe práctica. Este enfoque lo vi en una clase sobre benevolencia ofrecida por Estuardo Vásquez, director de HOPE *worldwide* Guatemala en base al libro Poderoso hombre de Dios. El dar a Dios pone realmente a prueba nuestra fe. Damos para ayudar a otros, pero al fin y al cabo, quienes nos beneficiamos somos los que damos, por encina del beneficio que causamos. El servir a los necesitados nos trae grandes bendiciones. Son muchas las escrituras que lo afirman. El confiar en las escrituras sirviendo a los necesitados es un gran acto de fe.

La Biblia nos inspira a servir a los necesitados y a sacrificarnos de la misma forma que Jesús se sacrificó por nosotros. Debemos hacerlo por el simple hecho de servir y no solo por el beneficio que vamos a recibir por hacerlo. El hacerlo por recibir las bendiciones pudiera no tener mérito alguno. Sin embargo, no debemos despreciar las bendiciones automáticas que trae consigo nuestro servicio a los más necesitados.

Esto que digo es muy similar a lo que hacemos obedeciendo a nuestro Dios y confiando en él. Muchas personas no confían en Dios porque no creen en las promesas de la Biblia. Si confiaran en dichas promesas, muchas personas pudieran venir a los pies de Jesús. A veces no se cree por toda la distorsión que existe sobre las Escrituras y la vida Cristian. El mundo religioso hoy en día y a través de la historia es responsable de que muchas personas no crean por todas las personas que se dicen ser cristianas solo de nombre sin ser un ejemplo como Jesús.

> *El confiar en las escrituras sirviendo a los necesitados es un gran acto de fe.*

Ahora bien, si cuando decidimos obedecer a Dios por la recompensa que recibiremos por ello, personalmente no creo que Dios lo va a rechazar. El hacerlo es mostrar que en sí confiamos en Dios. Con ello mostramos nuestra fe. De la misma forma, mostramos nuestra fe cuando servimos a los necesitados aunque sea por el hecho de recibir la recompensa que la Dios nos promete en su palabra. Eso es fe práctica. Mi opinión es que no importa por qué lo hacemos, pero lo estamos haciendo y con ello glorificando a Dios.

La viuda pobre cuando dio todo lo que tenía para vivir mostró su gran fe. Tal fue su impacto que conmovió al mismo Jesús por encima de todo lo que daban los demás, pero que no representaba un verdadero sacrificio porque daban de lo que les sobraba. Ella dio todo lo que tenía para vivir (Marcos 12.41-44, Lucas 21:1-4).

En cuando a dar y mostrar mi fe, quisiera encontrar héroes en nuestra iglesia. Yo no lo soy y debo confesarlo. Quiero hacerlo. Quiero ser uno de esos héroes que dan con sacrificio dando hasta la última gota de lo que tienen. Para nuestra iglesia en la República Dominicana yo pudiera enorgullecerme de dar mucho, pero no necesariamente con el sacrificio que se necesita. Doy de lo mucho, para mí, que Dios me ha dado. Me siento bendecido por Dios al permitirme tener trabajos bien remunerados, aunque a veces he "jalado aire", especialmente trabajando independiente. Y a veces cuando casi todo fondo, muchas veces mi enfoque ha sido en hacer frente a mis necesidades y dejar que la contribución regular y para los necesitados espere por el próximo pago. He estado muy lejos de dar al nivel de la viuda pobre y mostrar mi fe en ese sentido. Realmente no se dice que sucedió luego con la viuda pobre, pero, como en otros casos como la viuda de Sarepta (1 Reyes 17:8-16) y la situación de la viuda sunamita que le daba de comer a Eliseo (" Reyes 4). Como sucedió en los dos casos mencionados, considero que Dios proveyó a la viuda pobre al mostrar su gran fe dando todo lo que tenía.

El ministerio de Jesús no se enfocó solo en las necesidades espirituales de las personas, sino también en sus necesidades físicas (Mateo 9:23). Él

Hay más dicha en dar que en recibir.
-Hechos 20:35

enseñaba en las sinagogas y también curaba a la gente de todas sus dolencias. También las Escrituras hacen referencia a las palabras de Jesús cuando dijo que hay más dicha en dar que en recibir (Hechos 20:35). Y eso es una realidad. Sentimos la dicha de dar, pero también debemos sentirnos privilegiados cuando estamos en la posición de dar porque tenemos y no en la de recibir porque estemos en necesidad.

Varias otras escrituras en la Biblia, tanto en el Antiguo como en el Nuevo Testamento, apoyan estos planteamientos sobre cómo el dar a los necesitados muestra nuestra fe. Deuteronomio 15:10-11 menciona sobre dar con generosidad a los pobres y no de mala gana y sobre las bendiciones que eso trae consigo. Otras mencionan sobre la dicha que significa compadecerse del pobre (Proverbios 14:21, Proverbios 22:9).

Quiero concluir refiriéndome a la escritura que dice que no debemos acumular riquezas aquí en la tierra, sino en el cielo porque donde estén nuestras riquezas también estará nuestro corazón (Mateo 6:19-21). También puntualizo que debemos mantener en mente que un préstamo a los pobres es un préstamo al Señor y que él se encargará de pagarlo (Proverbios 19:17). Mostremos nuestra fe sirviendo a los necesitados y dando a Dios con sacrificio y no de lo que nos sobra, ya sea por amor a los necesitados o al reino o porque esperamos cosechar los beneficios de nuestras acciones. Comoquiera que demos, mostramos nuestra fe en Dios según lo describen las Escrituras.

REFLEXIONES

1. ¿Qué tan fuerte es tu fe a medir por lo que haces por los más necesitados?

2. ¿Qué das a los demás, lo que te sobra o das con sacrificio?

3. ¿Dónde estás sembrando, en la tierra o en el cielo?

4. ¿Qué tan balanceado es tu ministerio en cuando a servir a los demás con sus necesidades físicas y con sus necesidades espirituales?

XI

Todavía Otros Viven

"Por eso, nosotros, teniendo a nuestro alrededor tantas personas que han demostrado su fe, dejemos a un lado lo que nos estorba y corramos con fortaleza la carrera que tenemos por delante. Fijemos nuestra mirada en Jesús, pues de él procede nuestra fe y él es quien la perfecciona...".

-   *HEBREOS 12:1-2a*

A través de este libro hemos podido ver cómo sentar bases sólidas para perseverar en nuestra caminata con Dios. Se han incluido obstáculos que hay que vencer para perseverar. Hemos visto también ejemplos bíblicos de personas que son un ejemplo a seguir y que nos inspiran a mantenernos fieles a pesar de las circunstancias y los sufrimientos. Aunque no se incluyeron directamente en este libro para limitar el volumen, también podemos ver los ejemplos adicionales de otros hombres de fe en Hebreos 11. ¿Y qué quiere decir eso, que los ejemplos que nos inspiran solo están en la Biblia y ya no existen otros? No. La lista no termina. Todavía otros viven.

Originalmente pensé en dedicar este capítulo a un solo ejemplo. Sin embargo, luego pensé que era más provechoso tener testimonios vivientes de varias personas que han sido una inspiración para otras.

Estos ejemplos vivientes pueden inspirarnos a hacer lo mismo cuando nos enfrentemos con obstáculos para vencer en nuestra caminata con Dios. Éstas son personas de carne y hueso, palpables, que siguen dando un gran testimonio hoy en día y se mantienen en la lucha ayudando a que otras personas se mantengan fieles. Estas personas pueden estar a nuestro alrededor, pero no siempre tenemos el tiempo para aprovechar sus testimonios o no siempre esos testimonios se están compartiendo. Estoy seguro que cualquiera de estas personas pudiera haber escrito este libro en vez de mí. El hecho de yo escribirlo es solo porque parece que Dios me ha inyectado algo en las venas que me ha inspirado a escribir y me permite disfrutarlo.

De la misma forma, hay muchos ejemplos esparcidos en el mundo, especialmente de personas que viven en lugares donde predominan los musulmanes o donde el cristianismo es prohibido. En el libro "Locos por Jesús" podemos ver muchos testimonios de personas que han dado sus vidas por perseverar en su caminata con Dios a pesar de la oposición de la mayoría. Veamos algunos testimonios de personas vivientes.

Milena: Heroína Anónima

¿Milena? ¿Y dónde está ese nombre en la Biblia? Sí lo está. Por lo menos está escrito a mano en un ejemplar de la Biblia. ¿En cuál? En la Biblia de mi mamá. También estoy seguro que su nombre está escrito para la eternidad en el libro de la vida. Es la promesa que Dios nos hace y mi mamá lo ha entendido muy bien.

Anteriormente, cuando estuve describiendo algunas cosas y testimonios sobre mi papá y su perseverancia, se pudo ver como que a mi mamá la había dejado un poco de lado. Prometí que más adelante iba a cerciorarme que hacía la compensación de lugar. Pues este es el momento.

¿Por qué heroína anónima? Por todo lo que mi mamá ha pasado en la vida, comenzando con la muerte de su mamá cuando ella apenas tenía cinco años de edad, y todo lo que tuvo que pasar en su matrimonio con mi papá, yo considero que este es un título más que adecuado.

Pero, Wagner, ¿y no es mejor que continúes enfocándote en asuntos bíblicos y dejes esta narración para otro tipo de libro.

Alguien pudiera pensar de esta forma. Pero realmente lo que les voy a narrar aquí puede ser un gran testimonio que puede engrifar a cualquiera y que nos puede ayudar a perseverar en nuestra caminata con Dios. Mi mamá, a pesar de haber seguido a mi papá en su incredulidad, fue una de las personas que se hicieron discípulas al principio de nuestra misión en la República Dominicana. Su ejemplo nos conmueve.

El testimonio de mi mamá, en cuanto a perseverar para ver bendiciones en su matrimonio, es inspirador. Como cualquier otra mujer, mi mamá anhelaba tener un matrimonio en el cual su esposo fuera realmente su esposo, no de nadie más. Lamentablemente, el problema de infidelidad en la República Dominicana es muy grave. En los campos dominicanos, el que el hombre tenga y mantenga públicamente más de una mujer es normal. Parece como si las mujeres fueran un objeto sin valor. A veces, y lo he visto en mis familiares, se tiene más de una mujer viviendo juntas prácticamente y yendo al conuco a trabajar juntas. Yo llegué a ver eso con mi papá. Aparte de las otras mujeres con las cuales mi papá tuvo hijos e hijas después de juntarse con mi mamá, él tenía otra pública oficial paralela a mi mamá.

Aunque mi papá y mi mamá de juntaron para formar una "familia" en el 1962, no se casaron legalmente hasta el 1978. Y no por voluntad propia, sino por exigencia del Ministerio de Educación, cuando ella comenzó a trabajar como maestra de escuela primaria.

A pesar de las infidelidades y el sufrimiento, mi mamá nunca abandonó a mi papá. Se mantuvo fiel a él. Lo hizo por el temor de tener que levantar una familia sin la presencia de un padre. Independientemente de la razón, ella perseveró. Y por su perseverancia, Dios la bendijo grandemente. Su anhelado sueño de tener un verdadero esposo se cumplió. Mi papá comenzó a estudiar la Biblia la misma semana en que nuestro equipo misionero llegó a Santo Domingo, justo antes del primer servicio de inauguración de la iglesia. Uno de los retos para mi papá fue el de ser fiel a su esposa y romper la relación extramatrimonial que sostenía con otra persona, mamá de cuatro hijos de él, además de dos que había tenido anteriormente. Mi papá tomó el reto. Y fue bautizado a la edad de 54 años. Casi un año más tarde, mi mamá también fue bautizada. Así se cumplió el anhelado sueño de mi mamá de tener un esposo y qué tipo de esposo ahora. Un esposo fiel y que ama a Dios por encima de todo. ¿Hasta qué punto estarás tú en disposición de perseverar hasta ver un anhelado sueño hacerse realidad?

Juan Carlos: Reenfoque profesional por la voluntad de Dios

Con un potencial para tener una vida profesional y económica posiblemente por encima de cualquiera de nosotros los que le conocemos, Juan Carlos Polanco dejó sus estudios de derecho en una de las mejores universidades en la República Dominicana. Se fue a vivir a Nueva York y allá fue invitado a estudiar la Biblia. Impactado por la vida de Jesús, su deseo era siempre el de regresar a su República Dominicana para ayudar a su gente a conocer de Dios.

Su vida de estudiante en la universidad era un poco diferente a muchos de nosotros. Con recursos más holgados que muchos y una preparación en otro idioma que desde joven le permitía poder tener un trabajo y generar recursos, su potencial económico podía ser grande. Podía equipararse al de muchos de sus amigos que hoy han logrado muchas riquezas materiales.

Juan Carlos regresó de Nueva York como parte del equipo misionero enviado por la iglesia de allá para comenzar la de la República Dominicana. Todavía con su sueño de ser abogado, trata de reanudar sus estudios. Lamentablemente, por la política de la universidad de no reconocer los créditos de alguien que haya estado fuera por más de cinco años, ese sueño se troncha. Esto fue doloroso para él y para los amigos a su alrededor que entendemos lo que significa sacrificarse para estudiar. Sin embargo, por promesa cumplida de Dios, que da más de lo que uno sacrifica por él, Juan Carlos hoy es uno de los evangelistas de la Iglesia Internacional de Cristo en la República Dominicana, dirigiendo la Iglesia en Santiago de los Caballeros. A través de esto, Juan Carlos puede decir con gran satisfacción que su sueño de ayudar a muchas otras personas en necesidad, lo cual quería hacer a través del estudio de derecho, se ha hecho realidad.

Como ministro en la iglesia, Juan Carlos ha enfrentado muchos obstáculos, como todos nosotros, y los ha vencido para perseverar en su caminata con Dios. Juan Carlos ha ayudado a muchas personas a llegar al reino y a mantenerse fieles. El hecho de que yo esté fiel hoy en día es debido, en parte, a toda la ayuda recibida de él. También el hecho de que yo esté casado con mi bella esposa Guarina y tenga dos niñas adorables es por la ayuda que él me dio para que yo abriera los ojos y me enfocara en la belleza espiritual de mi esposa. Eso me conllevó también a ver su belleza exterior.

Cuando nos hacemos cristianos a veces tenemos estereotipos de personas que consideramos que se pueden hacer cristianas fácilmente y de las que no. Mirando hacia atrás, Juan Carlos es una de esas personas que yo hubiese considerado difíciles. Pero cuando Dios llama, los corazones sinceros responden. Él es la persona de más convicciones para Dios que yo haya conocido y que hayamos sido contemporáneos en el campus universitario en la PUCMM en Santiago de los Caballeros.

Juan Carlos continúa dando un poderoso testimonio de lo que significa dejar atrás el mundo y enfocarse totalmente en Dios. Hoy en día, luego de fracasos sentimentales antes de ser un discípulo, él tiene una gran familia entregada a Dios y apoyándolo para continuar llevando el mensaje a diferentes rincones de la República Dominicana.

Ángel Martínez: Deja tu tierra…

Tal y como Dios llamó a Abraham y le dijo que dejara su tierra y su familia para ir a un lugar desconocido, también lo hizo con Ángel Martínez. Los posibles integrantes del equipo misionero para la República Dominicana se estaban reuniendo y teniendo devocionales de preparación. Pero Ángel Martínez no estaba en la ecuación.

Ángel es un gringo de papá boricua y mamá sancristobalense (dominicana). Él nació en Brooklyn, Nueva York, y no conocía en sí la República Dominicana. Después de hacerse un discípulo en Nueva York, pasó por diferentes pruebas, al punto de llegar a estar en situaciones espirituales críticas. Sin embargo, ya Dios lo había escogido de antemano para enviarlo. Dios lo había escogido no solo para ser parte del equipo misionero para la República Dominicana, sino para que dirigiera el equipo y la iglesia.

Desde que llegamos a tierra dominicana, Ángel, conjuntamente con su hoy esposa Luz, han sido un ejemplo de estabilidad y de perseverancia en su caminata con Dios. Si hablé de la ayuda de Juan Carlos para mí, Ángel no se queda atrás. Al principio de la misión, y sigue siéndolo, cuando yo pasé por situaciones críticas, parecidas a las de él en Nueva York, Ángel fue esa valiosa ayuda para mí. Su radicalidad, su perseverancia en ayudarme y su ejemplo me conmovieron a yo ser también radical para perseverar en mi caminata con Dios.

Pero como Dios nos prueba con diferentes situaciones para ver qué tan agradecidos somos con él y cómo nos conformamos con lo que él nos da, Dios nos dio hijos/as a sus amigos a su alrededor, pero no a él. Hoy en día, con más de cuarenta años, Ángel y Luz están disfrutando de tener en su casa su primer bebé, como por obra y gracia del Espíritu Santo.

Bajo la dirección de Ángel; obviamente, guiado por el Espíritu Santo; nuestra iglesia en la República Dominicana ha crecido y se ha fortalecido. Además, sobre sus hombros está la responsabilidad de dirigir las iglesias en el Caribe. Y por sus convicciones y su ejemplo, no solo las iglesias del Caribe, sino también muchas iglesias en el mundo no nos lo quieren dejar tranquilo con nosotros. Lo tienen de vuelta y media viajando para todos los lados. Y espero que su nuevo bebé sea una excusa involuntaria, pero justificada, para que esté más tranquilo en casa.

Amauris Brea: Vuelve a tu tierra. Ella te necesita.

Nooooooooo…. Por favor…Una expresión así pudo muy bien haber salido de la boca de Amauris Brea. Sin embargo, fue todo lo contrario. Cuando Dios lo llamó para que regresara a su tierra, él respondió a dicho llamado. Y lo hizo con convicción.

Amauris, antes de irse a vivir a Nueva York siendo aún joven, era un niño más de la calle en la República Dominicana. Sufría y deambulaba por las calles tratando de sobrevivir. Se fue con su mamá a vivir a Nueva York y pudo muy bien renegar y no mirar hacia atrás jamás. ¿Y Dios no nos pide que no miremos hacia atrás? Sí, así es. Pero lo pide cuando estamos en su reino.

En Nueva York, el enfoque de Amauris fue en todo, menos en ser un ejemplo social. Y ustedes lo pueden imaginar o le pueden preguntar si están cerca. Les dije que todavía otros viven. Él es un testimonio viviente.

Cuando Dios lo llamó a que lo siguiera, él aceptó el llamado. Él estudió la Biblia, dejó a un lado sus amistades que no lo ayudaban, posiblemente muchos de ellos están muertos hoy, dejó su enfoque material, y aceptó caminar en los pies de Jesús. Más tarde, no mucho tiempo después, cuando Dios lo llamó a que regresara a su país, él lo aceptó. A cualquier otra persona, esto pudo darle grima. Él pudo haber pensado que podía esperarle una vida de sufrimiento en las calles de Santo Domingo de nuevo. Y así fue. No fue distinto. Lo que fue distinto fue el enfoque. Amauris no salía y todavía no sale de las calles evangelizando y buscando que más personas vengan a Dios. Como los demás misioneros que regresamos, Amauris pasó hambre al regresar. Pero nada de eso le mató el gozo que tenía de estar ayudando a su gente en su tierra. Al contrario, lo fortaleció.

Originalmente, Amauris fue también de gran ayuda en ayudarme a fortalecer mis convicciones y perseverar. Más tarde, se unió su esposa en ayudarme, junto a mi esposa, a vencer los obstáculos del matrimonio.

En cuanto a su enfoque y evangelismo, Amauris era incansable y un gran ejemplo. Y sigue siéndolo. Era frecuente el que yo invitara a una persona a la iglesia y a estudiar la Biblia y que me dijera que ya lo habían invitado. ¿Y quién te invitó? Amauris. Así me pasó en una ocasión como a las cinco de la mañana. Invito a alguien en un carro público y, para mi sorpresa…bueno, no tanta, me dice que ya Amauris lo había invitado antes.

Amauris ha sido una inspiración para muchas personas en su entrega y en su vida de oración. En innumerables ocasiones, Amauris nos decía sobre todo su deseo de contar con un grupo de personas que oran y que dependen de Dios en vez de estar haciendo un esfuerzo extraordinario para lograr sus objetivos evangelísticos por su cuenta. La oración nos acerca a Dios y hace que nuestros objetivos se cumplan.

Hoy en día, Amauris sigue siendo un pilar en nuestra iglesia ayudando a muchas otras personas a perseverar con su ejemplo y sus enseñanzas. Además de cuidar de su familia y de tener un trabajo profesional a tiempo completo, él tiene la responsabilidad de dirigir una de nuestras iglesias en Santo Domingo.

Por otro lado, les menciono también que cuando Amauris regresó al país, no tenía un entrenamiento universitario. Él solo tenía su diploma de bachiller. A pesar de que tenía que trabajar para sobrevivir y sostenerse, Amauris tomó el reto de ingresar a la universidad. Ingresó originalmente y las circunstancias lo hicieron detenerse. Pero su visión de obtener un título universitario, no murió. Él mantuvo su esperanza viva. Años más tarde pudo graduarse de licenciado en administración de empresas. Eso le ha ayudado a poder tener un buen trabajo profesional para sostener su familia y no ser una carga para la iglesia, tal y como Pablo lo hacía, y poder retar a cualquier otra persona o estudiante a hacer lo mismo. Bueno, hasta a mí me ha retado, a pesar de que cuando yo regresé en la misión ya contaba con una maestría en economía y negocios.

Luz Martínez: Un ejemplo del amor de Jesús

Yo conocí a Luz Martínez (Luz Paulino Difó, nombre de soltera) cuando llegué a Puerto Rico en diciembre del 1993. Ella fue una de las personas que contribuyó a darme una calurosa bienvenida a la iglesia. Ella se cercioró de que yo viera un ejemplo de lo que significa el amor de Jesús puesto en práctica. Ella fue de las que contribuyó a que, como mencioné anteriormente, aun siendo ya un discípulo de Jesús y parte de nuestra iglesia en Puerto Rico, mi cerebro no entendiera a plenitud todo lo que yo estaba viviendo por el amor que recibía de las personas. Era una sensación más allá de lo explicable. Luego fui entendiendo que ese amor solo emana de las personas cuando están unidas a Jesús (Juan 15:1-10).

Es cierto que nadie puede mantenerse fiel en su caminata con Dios si su enfoque no está en Jesús y en mantenerse unido a él. Si nuestra confianza no está puesta en él, a un punto podemos caer. Pero también es cierto que el ejemplo de otras personas en el reino nos ayuda a perseverar. De la misma forma que existen muchas personas decepcionadas y renuentes a venir a la iglesia por el mal ejemplo de muchas personas que se llaman cristianas sin caminar a los pies de Jesús, así también los buenos ejemplos son como un imán para atraer a otras y ayudarles a perseverar.

La confianza depositada por Luz en un pecador como yo es algo que, además de mi enfoque en Jesús, me ayuda a perseverar. A veces yo puedo ser no tan espiritual y perder de vista por algunos instantes a Jesús y tal vez meterme en líos. Sin embargo, el saber que me veré cara a cara constantemente con personas que son un ejemplo y que me aprecian, son también una motivación más para mantenerme alejado de los problemas que me pudieran alejar de Dios.

Además del impacto inicial que Recibí en Puerto Rico, también vi el ejemplo de servicio de Luz. Posiblemente ella nunca se fijó en que yo observaba. Pero el ejemplo se servicio de ella era digno de imitar. Como interno sin sueldo que yo era para la iglesia en Puerto Rico ayudando a Raúl Vásquez en sus asuntos administrativos y a Roberto y a Michelle Carrillo en lo que necesitaran, incluyendo llevar a lavar el carro y a echarle gasolina, yo tenía que ir con frecuencia a la oficina en casa Roberto. En esas ocasiones, siempre veía a Luz cuidando de las hijas de ellos, Elena y Alexis. Era un trabajo de servidumbre. Era una imitación del enfoque de servicio de Jesús. Dios la estaba preparando para sentar la base para todo lo que hace hoy en día ayudando a muchas otras mujeres.

Su impacto en mi vida continuó en Santo Domingo cuando tuve el honor de formar parte del mismo equipo misionero para plantar la iglesia. Yo tengo muchas personas que, como hombre y persona de cierta rectitud, confían en mí. En el caso de Luz, yo entiendo que su confianza desborda los límites. Esa es una gran inspiración para no fallar en mi caminata con Dios. Y no me mal interpreten. Si nuestro enfoque no está en Jesús, vamos a caer. Pero el ejemplo de otras personas en el reino es una fuerte inspiración para perseverar. Las hermanas en la iglesia son el mejor testimonio de lo que digo. Ellas han recibido ese apoyo y han visto a Luz como un ejemplo viviente.

A veces vemos a las personas y no conocemos sus vidas a profundidad. Pensamos que muchas personas se mantienen fieles a Dios por todo lo bueno y todas las bendiciones que Dios les ha dado. Pensamos en alguien como Job antes de que Dios le quitara todas sus posesiones y hasta su salud más allá de lo explicable. Pero cuando conocemos más a profundidad las situaciones difíciles por las que otras personas han pasado, nos sentimos inspirados a también perseverar.

Agradezco que Luz haya tenido la disposición de compartir un poco sobre su vida en este libro. Esto debe ser también un ejemplo a imitar para dejar cualquier situación del pasado a un lado para enfocarnos en vivir para Jesús y glorificar a nuestro Dios. Esto es lo que Luz nos cuenta.

"Mi nombre es Luz Martínez. Nací el 29 de enero del año 1969. Nací en la provincia María Trinidad Sánchez (Nagua). Soy la hija menor de mis padres, Hipólito Paulino y Herminia Difó. Soy la esposa de un hombre maravilloso llamado Ángel Martínez.

Pasé los primeros años de mi vida en una montaña hermosa con mi abuela paterna y mis hermanos. Me considero una persona amorosa, con empatía, servicial, con un genuino interés por el prójimo y un deseo profundo de dejar mis huellas dondequiera que voy.

He sido ministra desde los 21 años. Anterior a eso, trabajé como cajera, secretaria y consejera estudiantil. He viajado mucho, he impartido conferencias para mujeres, matrimonio y estudiantes a nivel internacional desde 1994. Todo esto lo he logrado con mucho esfuerzo y con la ayuda de mi Dios, ya que en mis primeros años de vida no tuve una base firme ni mucha estabilidad. Estudié la educación básica en El Factor de Nagua, la media en San Francisco de Macorís y el bachillerato en la ciudad de Nueva York. Esto les deja ver que no tuve una vida con suficiente tiempo para echar raíces en ningún lado. Eso fue hasta conocer de Dios.

Pero quiero que vean cómo el amor de Dios transformó mi vida cuando tenía 19 años. A esa edad me convertí y fui bautizada, estando en mi segundo año de la universidad, en la Iglesia de Cristo de la Ciudad de Nueva York.

Estudiar la Biblia, ver el amor de Jesús por mí, la misericordia de Dios y el amor de los hermanos en la iglesia me salvaron de la destrucción hacia la cual yo estaba dirigiendo mi vida. Yo estaba recién llegada a los Estados Unidos y era un tiempo bien difícil para mí. Me encontraba muy sola, sin amigas, con una mente muy turbada, llena de amargura, de enojo, de frustración y de confusión, ya que mi papá, el cual fue alcohólico toda su vida, había cometido suicidio hacía apenas nueve meses.

Mis padres se habían mudado a los Estados Unidos cuando yo tenía cuatro años de edad. A ellos les conllevó once años el conseguir los papeles para llevarme a vivir con ellos. El golpe de perder el papá que por tantos años yo estaba esperando tener me afecto tremendamente. Caí en una depresión clínica para la cual debí haber sido tratada, pero no fue así. Muchas veces deseé morir, sentía que la vida no tenía razón de ser y que no valía la pena vivirla.

Mi vida se llenó de incertidumbre, inseguridad, mentira, impureza, egoísmo y orgullo. Me pasaban los días engañando y siendo engañada. Para cuando me invitaron a estudiar la Biblia, ya yo estaba cansada de una vida que apenas acababa de empezar. Me encontraba vacía, triste y sin un propósito. Traté de buscar refugio en los novios, el trabajo, los estudios y las fiestas. Pero esas cosas no llenaron el vacío que yo tenía en mi vida. No fue hasta que busqué refugio en la palabra de Dios que encontré paz para mi alma.

Hace ya casi 25 a;os que tomé la decisión de vivir una vida para magnificar la gloria de Dios, para darle valor a la cruz de Cristo y honrar su sacrificio. No ha pasado un solo día en el que yo no haya visto el amor y la misericordia de Dios para conmigo.

Desde hace ya 19 años, mi esposo y yo hemos tenido el privilegio de servir como pastores en una iglesia que verdaderamente nos ama y a la que amamos, la Iglesia de Cristo en la República Dominicana. Dios nos ha dado cuatro hermosas hijas de crianza y dos bellos nietecitos.

Hace unos seis años que Dios hizo posible el que pudiéramos construir nuestra casita con la ayuda de muchos amigos, familiares y una pareja en la iglesia. En los últimos 19 años, Dios nos ha dado el privilegio de ser misioneros, de entrenar a otros misioneros, de plantar iglesias y restaurar otras. Dios nos ha dado el privilegio de trabajar con un equipo de ministros que realmente aman a Dios, al pueblo de Dios y también nos aman a nosotros. Tanto mi esposo como yo, estamos eternamente agradecidos a Dios por desbordar tanta misericordia y protección sobre nosotros. Por eso, cada día me siento como se sentía el salmista cuando dijo: "¿A quién tengo en el cielo? ¡Sólo a ti! Estando contigo nada quiero en la tierra. Dios es mi herencia eterna y el que sostiene mi corazón.... Por eso me acercaré a Dios porque para mí eso es lo mejor (Salmo 73:25-26 y 28a). Y estoy segura de que lo es también para ti.

Mi anhelo es que cada uno de ustedes pueda ver el amor de Dios en sus vidas cada día como lo he visto yo".

¿Cuál es tú testimonio personal? ¿Cuáles son las ataduras que sigues cargando y que no te dejan ver la gloria de Dios en tu vida a plenitud?

Jesús Cruz: A pesar de la incredulidad

Siendo Jesús aún un adolescente, nuestras hermanas en Puerto iban a casa de Jesús a estudiar con su hermana. El enfoque de este adolescente boricua era simplemente molestar a las hermanas. Esto pudo haber parecido como que su corazón estaba duro y lejos de conocer a Dios. Luego su hermana se hizo discípula y Jesús se interesó en estudiar la Biblia. Pronto él también se hizo discípulo a los 18 años. Más tarde, Jesús se convirtió en un gran hombre de Dios y un hombre de profundas convicciones espirituales.

Jesús es uno de mis mejores amigos, a pesar de la distancia y el tiempo. Con menos de un año de ser discípulo, Jesús fue una de mis inspiraciones cuando yo me hice discípulo en Puerto Rico. Su amor por Dios y su entrega para siempre estar dependiendo de la Biblia y de la oración, así como también estar enfocado en ayudar a otras personas a través de la enseñanza de la Biblia, me ayudaron a crear convicciones profundas sobre lo que realmente significa ser un discípulo de Jesús. Tal y como mencioné anteriormente, Jesús fue sutil en ayudarme a vencer obstáculos de desánimo y nostalgia cuando yo tuve que quedarme en Puerto Rico, después de bautizarme, para luego ir con la misión a Santo Domingo.

Era obvio que personas como Jesús Cruz se mantendrían fieles a pesar de ver a otras no perseverar en su caminata con Dios. De todos los discípulos que estábamos y que compartíamos la casa en el Escorial en Puerto Rico, solo unos pocos hemos perseverado. Los que hemos perseverado lo hemos hecho por habernos aferrado a nuestras Biblias, a la oración y a hacer el trabajo para Dios cueste lo que cueste. Jesús Cruz es una de esas personas.

Hoy en día, Jesús Cruz, ¡y qué nombre tan espiritual!, dirige nuestra iglesia en Puerto Rico. Conjuntamente con su esposa Mirels, siguen ayudando a muchas personas a mantenerse fieles o a venir a Dios en la Isla del Encanto. Justamente, la primera charla bíblica que yo asistí en Puerto Rico fue una charla en la universidad dirigida por Jesús y Mirels. Aunque no había ningún enfoque sentimental especial entre ellos, más tarde Dios les hizo ver que los había creado el uno para el otro.

Al igual que los demás casos que he mencionado aquí en este capítulo, el testimonio de Jesús es viviente. A continuación el mismo Jesús nos da su testimonio.

"Me crie en un mundo donde se hablaba de Dios. De niño me "bautizaron" mis padres, como es costumbre de nuestra cultura boricua. Después iba a una iglesia con mi tía. En mi adolescencia mis padres empezaron a ir a una iglesia donde se enseñaba que un profeta recibió una plancha de oro con un mensaje nuevo para el mundo. Me impusieron las manos y experimenté cuantas cosas se hacen en el mundo religioso. Pero todo esto lo que hacía era crecer la desilusión, la decepción y el dolor. Con todo eso no veía cuál era el camino de mi vida. Estaba perdido, sin rumbo, sin dirección, solo, angustiado y preguntándome si de esto era que se trataba la vida.

Siendo un joven de 17 años, comencé a tratar de entender cuál era el propósito en esta vida. En esa búsqueda fui en busca de muchachas, alcohol, dinero y de toda clase de satisfacción de la carne. Ya decepcionado en esa búsqueda y desilusionado, cada día iba profundizándome en cada una de estas cosas. Decía que necesitaba más mujeres, más alcohol, más dinero. Pero todo empeoraba. La insatisfacción era cada vez más grande y la desilusión más dolorosa. Era como estar en un tipo de círculo vicioso que no había salida. Me recuerdo quedarme sin fuerzas de pensar cómo podría salir de ahí. Pero no veía ninguna otra manera de vivir.

Recuerdo estar en mi cama y mirar el techo después de llegar de un "night club" borracho y preguntándome qué le podría ofrecer a mis hijos si tuviera una familia y cómo sería como padre. Buscaba la respuesta y comenzaba a llorar, al no poder encontrarla. Pero aun así seguía viviendo como yo entendía que era vivir la vida. En realidad, lo que hacía no era vivir, sino sobrevivir.

Una mañana de un domingo, mi hermana Ivellisse toca mi puerta para invitarme a la iglesia. Escuché la invitación y mi corazón me dijo que sí, pero mi orgullo y mi desilusión por las iglesias decía no. Por siete meses, todos los domingos ella tocaba la puerta persistentemente. Un día, cuando menos lo esperaba, y por obra de Dios en su plan perfecto, llegaron dos hermanas a estudiar la Biblia con mi mamá. De lejos escuchaba lo que hablaban. Escuché algo que me impresionó. Fue la escritura en Mateo 28:18-19 sobre ir a todas las naciones y hacer discípulos. Me le acerqué a preguntar que si eso no es una responsabilidad exclusiva de un pastor o sacerdote. Ellas, con todo su amor, me explicaron la escritura de que esa es la responsabilidad de cada hombre y cada mujer que se quiere llamar cristiano o discípulo de Jesús. El comienzo de saber a dónde buscar algo más para mi vida ahí lo encontré.

Recuerdo mi primera visita a la iglesia. Llegué a un lugar donde no conocía a nadie y me dieron un recibimiento como si fuera parte de sus vidas. Vi abiertas puertas de confianza, vi amigos sinceros, vi que mi vida había encontrado algo que buscaba. Recuerdo escuchar esa predica de el hombre paralítico, el hombre bajado por sus amigos del techo de una casa que no era suya. Aunque en sí lo que más me impresionó fue que no tenía sueño durante el sermón. Después me invitaron a estudiar la Biblia y a cómo tener una relación con Dios. ¿Qué es eso de tener una relación con Dios?, me pregunté. Con mi corazón tan endurecido por los golpes de la vida, no podía ver que todo lo que experimentaba era algo que Dios mismo estaba preparando para mi corazón conocerle.

Empecé a estudiar escrituras una tras otra. Profundizaba en ellas y mi corazón latía cada vez más y más por conocer a ese Dios que nunca había conocido. Luego llegó un estudio donde mi corazón fue quebrantado. El estudio se titula "La Cruz". Pude ver con claridad a través de las Escrituras todo lo que Jesús hizo por nosotros, pero en especial por mí. En mi niñez escuché, vi películas, fui saturado de información, pero sin ninguna conexión emocional, sin un *entendimiento claro de que si yo fuera el único ser en este planeta, Jesús todavía se sacrificaría por mí.*

Nunca había tenido una conexión con la muerte de Jesús de esa manera. Desde ese momento vi con claridad no tan solo lo que es tener una relación con Dios, donde me comunico con él en la oración y escucho su palabra, sino también saber que él pagó el precio más alto por mí en la cruz. Desde ese momento, he tomado la mejor decisión, con solo 17 años, pero con un gran amor que me impulsaba y que todavía me impulsa hasta el día de hoy, de ser el hombre que Dios quiere".

REFLEXIONES

1. Y tu testimonio, ¿cuál es?

2. ¿Qué has tenido que sacrificar para mostrar tu amor a Dios y perseverar?

3. ¿Qué obstáculo estás tratando de vencer?

4. ¿Qué situación paradójica en tu caminata con Dios has experimentado y que al final hayas visto las bendiciones?

XII

Confiando plenamente en tu Dios

"Confía en el Señor y haz lo bueno, vive en la tierra y mantente fiel.
Ama al Señor con ternura, y él cumplirá tus deseos más profundos".

— *SALMOS 37:3-4*

E n nuestra vida como cristianos pasaremos por diversas situaciones difíciles. Muchas de ellas pensamos que es imposible vencerlas. Cuando vemos ejemplos bíblicos y vivientes sobre otras personas que han pasado por situaciones similares, eso aumenta nuestra fe.

Una relación con Dios no es una relación sin sufrimientos. Sufrimos, pero Dios promete que no pasaremos por situaciones más allá de lo que podemos soportar y él nos da la salida (1 Corintios 10:13). Además, los *Por más difícil que sea la situación, Dios provee una salida* buenos ejemplos que vemos también son un gran instrumento para ayudarnos a confiar en Dios. De una cosa yo estoy seguro. Por más difícil que sea la situación, Dios siempre provee la salida. No esperemos que él nos libre de los sufrimientos, pero sí que nos dé la salida. Él promete soluciones a sus fieles. Él también es fiel a lo que promete (Romanos 15:8).

La forma de pensar de Dios es muy diferente a la nuestra. Nuestra confianza en Dios a veces se debilita cuando no recibimos lo que esperamos en nuestro tiempo. Aunque esto no suceda, debemos confiar. Tarde o temprano, Dios provee la solución. Y muchas veces lo que él nos da es mucho más que lo que esperamos. Nunca recibiremos menos aunque no lo veamos en el momento.

Desde el Génesis hasta el Apocalipsis, se muestra el amor de Dios por su pueblo. Se ve cómo él cumple todas sus promesas. Esto nos ayuda a confiar en él. Para dicha confianza hay que entender las Escrituras apegándonos a ellas. A través de toda la Biblia se ve cómo se cumplen sus promesas. Esto se aplica hasta el día de hoy. Por amor, Dios está dispuesto a sacrificar lo que sea (Jeremías 30:11).

Para entender a Dios debemos apegarnos a su palabra.

Para entender a Dios debemos apegarnos a su palabra. Los ejemplos de otros nos ayudan a esto.

El describir todas las bendiciones de Dios para aquellas personas que se confían en él pudiera no tener fin. Por esto es que en este libro solo se tratan algunos ejemplos. Aquí presentamos algunos complementos de bendiciones para los que confían.

Dios es un Dios de bendiciones. Sus bendiciones se pueden ver desde el comienzo de la creación.

Dios es un Dios de bendiciones. Vemos la gran bendición que Dios dio a Adán al crearle a Eva. Le dio la ayuda idónea (Génesis 2:18). Es cierto que Dios nos bendice porque quiere bendecirnos. Esto él lo hace independientemente de si confiamos o no. Él es soberano. Ahora bien, cuando no confiamos podemos pasar por alto las bendiciones. Las mismas pueden llegar y no verlas como tal, sino como una carga. Hasta ese punto puede llegar la falta de confianza en él. Muchas bendiciones también van a depender de si estamos listos para recibirlas. Lo que recibimos depende de nuestros corazones y de cómo vamos a administrar tales bendiciones.

El simple hecho de Dios darnos la vida y de crearnos en la forma que nos creó son bendiciones más que suficientes para vivir agradecidos. A veces no agradecemos ni la vida misma o creemos que nos lo merecemos todo.

Dios sabe lo que nos conviene y lo que no nos conviene.

Eso no debe ser. Necesitamos vivir agradecidos por lo que Dios ha hecho por nosotros. Él nos ha bendecido y, mientras más agradecimiento sentimos por él, él continúa dándonos mucho más.

La mayor bendición que Dios nos ha dado, a pesar de lo pecadores que somos, ha sido a Jesús. Desde el principio mismo, ya él tenía en mente a Jesús para utilizarlo para la redención del pecado y dar la oportunidad de nuevo a la humanidad de regresar a él. Sin embargo, el sacrificio de Jesús para muchos es una tontería. Para otros es lo más poderoso que existe (1 Corintios 1:18). Eso es para los que confían en él.

Dios también bendijo a Noé permitiéndole que tuviera muchos hijos para llenar toda la tierra. En su tiempo, Noé era el único que vivía de acuerdo a su voluntad. Noé nadó

Noé resistió la burla de todos.

contra la corriente. Él mostró una gran fe y caminó por el camino angosto. No se dejó dominar o conducir por la manada. Él estuvo dispuesto a pagar el precio y cosechó los frutos. Él resistió la burla de todos.

Abraham también confió en Dios. Él era descendiente de Sem, el primer hijo de Noé. Todas las bendiciones de la humanidad recaen sobre Noé del diluvio en adelante. Lo que él hizo fue muy grande. No todo el mundo resiste que toda una sociedad vaya por un lado y uno ir en contra. Yo he vivido eso en un grado mínimo en un ambiente académico. Pero eso no se compara en sí con lo que Noé tuvo que pasar.

Dios continuó bendiciendo a Noé a través de su descendencia. El bendijo a Abraham y no a los demás. ¿Por qué? Porque Abraham confió en él. Dios nos da libre albedrío para decidir una cosa u otra. Cuando Dios llama a Abram (Abraham), él pudo poner muchas excusas. Sin embargo, Abram confió y fue obediente a pesar del reto tan fuerte que Dios le estaba dando de dejar sus tierras, sus parientes y la casa de su padre para irse a un lugar desconocido a la edad de setenta y cinco años. Abram confió en Dios y Dios lo bendijo más allá de lo que uno puede imaginarse.

Otro aspecto de la confianza en Dios que se resalta en la vida de Abraham es su confianza a pesar de no ver lo que se le está ofreciendo y no llevarse por sus emociones o su supuesta capacidad como persona. Él no actuó de acuerdo a sus deseos. Él actuó de acuerdo a la voluntad de Dios. Cuando él se separó de Lot. Abraham mismo le propuso a Lot que se separaran. Como su tío, Abraham pudo tomar una decisión y decirle a Lot que se fuera por un lado, que él se iba por el otro. Él pudo tomar lo que consideraba que era mejor y dejar lo peor a Lot. Sin embargo, en vez de tomar la decisión, Abraham decidió dejarla en manos de Dios. Lot tomó la decisión en el poder de la su naturaleza humana. Él actuó por lo que sus ojos vieron. Él tomo la tierra que lucía mejor. Más adelante se pueden ver todos los problemas que Lot enfrentó desde el principio cayendo prisionero (Génesis 14:2-14) y la destrucción de Sodoma y Gomorra (Génesis 19:1-27). También se ve más tarde la situación de incesto con sus hijas, de donde surgen los moabitas y los amonitas, pueblos despreciados por Dios (Génesis 19:31-38)

Abraham, por su parte, dejó que la tierra que le correspondiera fuera la que Dios decidiera. Aunque no lucía como que era la mejor, Dios lo bendijo. Dios le dio un buen lugar donde vivir y bendiciones más allá de lo que él y cualquier humano podían imaginarse. Por su confianza, Dios lo hizo el padre de la Fe y de todas las generaciones que son fieles a Dios.

> *Abram confió en Dios y Dios lo bendijo más allá de lo que uno puede imaginarse.*

Además de bendiciones específicas a diferentes personas, la Biblia está llena de diferentes situaciones en donde se ven las grandes promesas y bendiciones de Dios para quienes confían en él. El pueblo de Israel sufrió en Egipto y Dios lo permitió. Lo hizo con el propósito de enseñarle y entrenarlo. Dios entendía con quién estaba lidiando y todo lo que tenía que trabajar con ellos. Dios entendía cómo el pecado había invadido los corazones de su pueblo a pesar de ver tantas bendiciones. Este sufrimiento le dio firmeza, la firmeza nos permite ser aprobados y la aprobación nos da una esperanza que no nos defrauda (Romanos 5:1-5). A través del sufrimiento, Jesús logró la perfección también.

El pueblo de Israel sufrió en Egipto y Dios lo permitió para entrenarlo.

A pesar de todas las situaciones de Jacob, él también fue obediente a Dios y recibió grandes bendiciones. La primera bendición que Jacob recibió fue el cambio de su nombre. Luego de que Jacob luchara con el ángel de Dios y venciera (Génesis 32:22-32), Dios le da la bendición de cambiarle el nombre y le pone Israel. Jacob demostró su confianza en Dios y Dios vio su corazón. Esa lucha fue una situación difícil que tuvo que enfrentar y no se rindió o se deshizo de la situación hasta que no recibió la bendición de Dios. Para recibir las bendiciones de Dios debemos confiar.

En Génesis 35 se describe también cómo cuando Dios le pide a Jacob que se vaya a Betel y que le construya un altar, él no vaciló en obedecerle. Jacob buscó eliminar todos los dioses extraños de entre ellos y se ve todo el agradecimiento a Dios por haberlo acompañado siempre cuando dice: *"—Saquen todos los dioses extraños que hay entre ustedes, báñense y cámbiense de ropa. Vámonos pronto a Betel, pues allá voy a construir un altar en honor del Dios que me ayudó cuando yo estaba afligido, y que me ha acompañado por dondequiera que he andado"* (Génesis 35:2-3).

Para recibir las bendiciones de Dios debemos confiar.

Las bendiciones y promesas de Dios a Abraham se siguen cumpliendo por medio de las bendiciones a Jacob. Tengamos presente que Dios supo lo que hizo cuando escogió a Jacob. El entendía que, a pesar de todas las trampas que hacía, Jacob era obediente. Dios siempre está detrás de esos corazones. Lo contrario vemos con Esaú su hermano (Génesis 27:41).

Las bendiciones de Dios continúan a través de José. José siempre tuvo una buena actitud hacia Dios y hacia todas las situaciones difíciles que le pasaban, cuando cualquier otra persona hubiese podido reaccionar muy diferente y llenar su corazón de amargura.

José es una persona admirable. De él aprendemos grandes lecciones para perseverar en nuestra caminata con Dios a pesar de las pruebas por las que pasamos. Esta historia se puede ver en Génesis 37 al 50 y le dedico un capítulo a esto también. La historia nos inspira a todos, pero es especialmente interesante también para jóvenes discípulos solteros que luchan por perseverar en medio de la tanta perversidad que existe hoy en día y de toda la tentación al pecado sexual. Bueno…y no solo los solteros.

Definitivamente, Dios había escogido a José para algo grande. Posiblemente Dios vio su corazón y sus convicciones de antemano. A pesar de su cierta arrogancia y falta de sabiduría con sus hermanos, Dios lo bendijo por la confianza que tuvo. José nunca dudó sobre el plan que Dios tenía para él. En situaciones en las que muchos de nosotros posiblemente hubiésemos desistido de mantenernos firmes, José se mantuvo. Él veía a Dios trabajando en su vida a pesar de todas las adversidades por las que pasaba. Por su fe y su perseverancia, Dios lo bendijo más allá de lo que él y cualquiera de nosotros se hubiese podido imaginar. Su enfoque no era la búsqueda de poder ni de ambiciones materiales. Él simplemente quería mantenerse fiel a

Dios nunca nos da menos de lo que le pedimos con fe y de lo que nuestros ojos pueden ver.

Dios cueste lo que cueste. En José no existía la palabra infidelidad para Dios. Por eso, en un país extraño, de una raza extraña, Dios lo puso como segundo hombre en importancia. Su perseverancia en su caminata con Dios tuvo un impacto en su familia y en todo el pueblo de Israel, el pueblo escogido por Dios. Él marcó la diferencia por encima de sus hermanos. Mientras en el corazón de sus hermanos había maldad, en el de él había amor y perdón. José también nadó contra la corriente al igual que Noé.

Más adelante, Dios también bendice a sus hijos, en especial a Efraín. Tal y como lo hizo con Jeremías (Jeremías 1:4-5), Dios escogió a Efraín desde antes. Lo escogió no por lo que Efraín hizo, sino porque Dios quiso. Efraín era menor que su hermano Manasés, pero Jacob lo puso por encima de Manasés al darle su bendición. Estemos preparados. Cuando perseveramos en nuestra caminata con Dios, no nos imaginamos todo lo que Dios puede hacer con cada uno de nosotros.

Antes de continuar describiendo todas estas bendiciones, déjenme mencionar la increíble bendición que Dios le dio a Jacob de ver de nuevo a su hijo José, al cual consideraba muerto. Jacob era una persona fiel a Dios y Dios lo bendijo grandemente. Pero posiblemente la bendición más grande que él pudo recibir, o por lo menos la más grande emocionalmente, fue ver prácticamente resucitado a su hijo José. Para él fue como una resurrección. Creo que la Biblia no lo menciona, pero es probable que Jacob nunca haya parado de orar porque Dios le permitiera ver de nuevo a su hijo aunque sea en el más allá. Posiblemente Jacob tuvo siempre la esperanza de verlo de nuevo *En José no existía la palabra infidelidad para Dios.* y, por esa confianza, Dios le dio más de lo que él se imaginaba. Así es Dios. Él nunca nos da menos de lo que le pedimos con fe y de lo que nuestros ojos pueden ver.

La bendición de Efraín sobre su hermano Manasés y sobre todos los demás familiares, para continuar las promesas de Dios hechas a su antepasado Abraham, viene por decisión de Dios. Efraín no tuvo que hacer nada al respecto. Con Efraín también tenemos grandes lecciones que aprender.

A veces perseveramos en nuestra caminata con Dios por las bendiciones que sabemos que recibiremos, pero en otras ocasiones también es bueno que nos fijemos en las duras consecuencias que vienen como resultado de la desobediencia. Esto se describe claramente en Deuteronomio 28. La primera parte describe todo lo que trae consigo la obediencia y la segunda parte, todo lo que acarrea la desobediencia. *Necesitamos confiar para continuar recibiendo las bendiciones.*

Inicialmente, Efraín fue obediente a Dios. Por eso Dios lo escogió y lo exaltó por encima de todos sus familiares. Dios estableció su santuario en Efraín, específicamente en Silo. Silo era el lugar especial en donde todos tenían que ir para alabar a Dios (Jeremías 7:12). Si analizamos los mapas, Silo se ve justamente en el centro del reino de Israel. Era el punto central y el lugar especial para alabar a Dios.

Pero, a pesar de todo lo que Dios hizo con Efraín, su tribu escogida, ellos se olvidaron de él. Se conformaron con vivir una vida religiosa y se apartaron del Dios que les había dado todas las bendiciones y el poder. Ellos pensaron que con el simple hecho de tener el cofre del pacto ya era suficiente (1 Samuel 4:3, 11 y 18). Su vida religiosa sin poder les acarreó su derrota. Al final, no fue en sí que ellos decidieron expresamente apartarse de Dios, sino que Dios se apartó de ellos (Salmos 78:58-61). Es como si una iglesia entera se hubiese apartado de Dios. El grupo quedó junto, pero sin poder. Ellos continuaban considerándose como un pueblo especial escogido por Dios (Oseas 9:16-17 y 11:1-4).

Más adelante se puede ver cómo los enemigos, los filisteos, derrotaron al pueblo de Dios (Efraín). Nunca antes el pueblo de Israel había recibido una derrota. En nuestra caminata con Dios no podemos conformarnos con solo llegar al reino. Necesitamos confiar para continuar recibiendo las bendiciones.

En la historia de los grupos religiosos se han dado situaciones en que grupos han comenzado con un gran poder y entrega a Dios. Sin embargo, su desenfoque posterior les ha llevado a la ruina. Se han enfocado en adorar las cosas creadas por Dios y no en adorar al creador, Dios. Ningún grupo está exento de caer en esta situación. Para mantenerse firme, hay que mantenerse apegado a Dios y a su hijo Jesús aunque el hacerlo nos cueste la vida o sacrifiquemos las posesiones más preciadas.

Por el desenfoque y la desobediencia de Efraín, Dios, quien siempre muestra su compasión por su pueblo, escogió a David y a su amado monte Sión. Y David cuidó su pueblo y lo guio con mano hábil y con corazón sincero (Salmos 78:65-72). De esa compasión de Dios y del escoger a David, podemos hoy ver los resultados.

En cuanto a las bendiciones de Dios, también podemos ver cuando él llamó a Moisés para ayudar y guiar a su pueblo. Moisés estaba muy quitado de bulla cuidando las ovejas de su suegro Jetro (Reuel). Moisés estuvo inseguro sobre si podía

Dios nunca nos deja solos cuando estamos llevando a cabo su misión.

- 106 -

llevar a cabo la encomienda que Dios le estaba dando. Él se enfocó en sus debilidades y no en que Dios estaba con él y lo acompañaba. Dios nunca nos deja solos cuando estamos llevando a cabo su misión. Dios prometió estar con Moisés (Éxodo 3:12). Es más, vayamos un poco más atrás, veamos cómo Dios estuvo con Moisés cuando él era niño corriendo el riesgo de morir. Moisés no podía defenderse por sí solo y Dios fue quien lo rescató. Dios maniobró un plan perfecto para salvarlo y usarlo luego con un gran propósito.

Dios permitió a su pueblo que se fuera a vivir a Egipto y el pueblo estaba sufriendo. Sin embargo, Dios nunca lo abandonó. Dios estaba elaborando un plan para mostrar su poder ante un pueblo que tenía que moldear su corazón para amarlo más, el pueblo hebreo, y otro pueblo que no tenía ningún interés en él, el pueblo egipcio. Posiblemente nadie se imaginaba que Dios podía tener el poder para rescatar a un pueblo sumido en la esclavitud y sin una esperanza a la vista.

Más adelante, Moisés pudo darse por vencido en sus intentos de liberar al pueblo hablando con el faraón. Mientras más difícil se ponía la situación, más mostraba Dios su poder. Dios mismo trabajaba con el faraón para que sea más terco y se pueda ver más el poder que él iba a desplegar. ¿Cómo nos sentimos cuando tenemos que enfrentar situaciones de terquedad parecidas a ésta con las personas que queremos ayudar a cambiar de actitud hacia Dios? ¿Hasta qué punto perseveramos?

Dios nos bendice y quiere que perseveremos hasta el final. Tomemos el reto y veremos su recompensa.

Si Moisés no hubiese perseverado, posiblemente todavía el pueblo de Israel estuviera viviendo en la esclavitud en Egipto. Más adelante, Dios protegió a su pueblo en el desierto. Lo protegió de todas las inclemencias del tiempo, de las fieras salvajes, no permitió que su ropa se le gastara, le dio comida (maná y codornices) y los protegió de los demás pueblos. ¿Has pasado tú por situaciones similares en las cuales no sabes si vas a sobrevivir?

En el desierto muchos perdieron la fe y querían regresar hacia Egipto. De nuevo, ¿qué hubiese pasado con el pueblo si se hubiese devuelto hacia la esclavitud? Definitivamente que lo que estaban pasando en el desierto era bien difícil que pensaron volver a la situación que estaban en Egipto. Pero, por amor a su pueblo, Dios prefirió matar a los que no tenía fe y querían devolverse, para llevar a cabo su propósito con los que verdaderamente confiaban en él. Fijémonos que los que siguieron hacia adelante eran más jóvenes. ¿Qué lección podemos aprender de eso?

Podemos seguir escribiendo sobre todos los actos de Dios acompañando a su pueblo, pero si describimos todo, tal y como dice Juan (Juan 21:25), se escribirían tantos libros que no cabrían en el mundo. O este libro se haría tan voluminoso que sería imposible de cargar y, en vez de ayudar a que alguien se inspire a perseverar, sería un obstáculo más en el camino.

Dios protegió a su pueblo en el desierto.

Todos estos ejemplos del amor y las bendiciones de Dios deben inspirarnos a confiar en él. Hemos visto ejemplos en la Biblia y hemos visto ejemplos de personas vivientes. Dios no nos abandona. Dios nos bendice y quiere que siempre confiemos hasta el final. Tomemos el reto y veremos su recompensa. Confiemos hasta el último suspiro.

REFLEXIONES

1. ¿Te has visto alguna vez tentado a darte por vencido y a no seguir confiando en Dios por no ver sus bendiciones en tu vida?

2. Reflexiona sobre las bendiciones cumplidas en tu vida, compártelas y vive agradecido de Dios para también inspirar a otros.

3. ¿Qué factores consideras que te pueden impedir no confiar y que necesitas atacar con las herramientas que Dios pone en tus manos?

4. Apégate a las Escrituras y vive una vida de oración y comprometida a confiar en Dios siempre. Busca la ayuda y mantente unido a la fuente original de fortaleza, Dios.

ACERCA DEL AUTOR

Wagner Méndez es un misionero en su propio país, la República Dominicana. Luego de hacerse cristiano en Puerto Rico, recibe entrenamiento y regresa con un equipo de misioneros de la ciudad de Nueva York, en donde comienzan la Iglesia de Cristo de Santo Domingo. Luego de un trabajo constante en la iglesia, se muda con su familia para estar con la iglesia en la ciudad de Santiago de los Caballeros en la región norte de la República Dominicana. Además de su tiempo dedicado a la iglesia, Wagner es un economista agrícola y consultor de negocios con más de 30 años de experiencia contribuyendo al desarrollo empresarial y el emprendimiento en el Caribe.

Otros Libros Escritos Por
Wagner Méndez

Todos se pueden adquirir en:
https://www.amazon.com/s?k=wagner+mendez&ref=nb_sb_noss

NOSTALGIAS
Y
ESPERANZA

Wagner Méndez

Printed in Great Britain
by Amazon

17134416R00078